STÉNOGRAPHIE

DES COURS.

SEMESTRE D'ÉTÉ.

ANNÉE SCOLAIRE 1835—1836.

COURS

DE DROIT CONSTITUTIONNEL.

M. ROSSI, PROFESSEUR.

PREMIÈRE LEÇON.

11 avril 1836.

écessité pour un gouvernement d'une doctrine politique. — Gouvernemens nationaux. — Gouvernemens de privilége. — Dans l'antiquité, tous les gouvernemens sont gouvernemens de priviléges. — Trois causes.

MESSIEURS,

L'existence d'un pouvoir social et conservateur es droits de tous et de chacun , distributeur de justice humaine, régulateur de l'administration, xécuteur des actes commandés par les intérêts énéraux , est une nécessité sociale que personne e conteste. Cette nécessité d'un pouvoir social est assée dans l'humanité à l'état de croyance instinc-

tive , et cette croyance , ce besoin profond , si l'on
aime mieux , est la sauve-garde la plus solide de
l'ordre social et le régulateur le plus ferme et le
plus assuré des progrès sociaux.

Mais en même temps qu'il se plaît à reconnaître
cette nécessité , l'esprit humain , en s'appliquant
à l'organisation de ce pouvoir social, s'est trouvé
de tout temps en présence d'un problème dont la
solution brave à la fois et les essais de la pratique
et les efforts de la science de tous ceux qui ont
prétendu en résoudre l'application politique et de
ceux qui ont prétendu en avoir trouvé la solution
complète, absolue, solution qui ne laissât en souf-
france ni les intérêts généraux ni les intérêts particuliers, qui ne donnât lieu enfin à aucune
déviation des principes.

Aussi savons-nous tous , Messieurs , que les
questions relatives aux formes du gouvernement ,
à son origine, au développement et à la régularisa-
tion de la puissance publique, sont en quelque
sorte aussi anciennes que le monde; car on peut
dire qu'elles ont été posées partout où il y a eu
des hommes, partout où il y a eu des sociétés.

Je dis aussi anciennes que le monde , car du
plus haut que nous puissions remonter à son origine, nous trouvons des traces certaines, positives,
de la nécessité de ces questions, et il s'en rencontre
à chaque page dans la Bible, dans Homère, dans tous
ces livres qui sont, on peut dire, aussi anciens que
le monde. N'en retrouvons-nous pas aussi des
traces , Messieurs , mais des traces plus distinctes,
plus nettes, plus compréhensibles , dans tous les

savans de l'antiquité, dans Platon, dans Aristote, dans tous ces hommes justement célèbres qui ont consacré leurs veilles à la science de l'humanité ; et plus tard dans Cicéron, dans Tacite ; sans parler d'une foule d'autres auteurs et écrivains de l'ancienne Rome, qui ont fait de ce problème le sujet de leurs méditations. Enfin, qui de vous ne connaît, de nom au moins, les grands écrivains modernes qui se sont occupés de la science des gouvernemens ou de l'organisation politique de quelques états en particulier?

Depuis Machiavel jusqu'à Montesquieu, et plus récemment, de grands noms que je ne saurais tous citer ici, se sont illustrés par leurs travaux sur cette matière.

D'autres se sont en même temps occupés de la pratique politique des gouvernemens, et vous savez, Messieurs, quelle juste renommée les a couronnés.

Vous avez devant vous, d'une part, la science théorique, de l'autre, la science pratique ; vous voyez les progrès de l'une, la marche de l'autre ; ce doit être pour vous une preuve que nulle société n'a existé ou n'a pu exister long-temps sans gouvernement, et nul gouvernement sans doctrine politique.

Aussi, que de sciences, que de faits, que de changemens, lents ou rapides, ayant pour mobile, pour motif, pour raison d'être, le besoin incessant de trouver une solution meilleure de ce problème !

Il ressort de là que ce doit être un grand, un difficile problème, puisque l'humanité travaille depuis si long-temps à sa solution, sans que jamais elle soit arrivée à une conclusion également satisfaisante, également acceptable pour tout le monde : c'est qu'il en est de la science politique comme de la science morale ; dans ces deux sciences, il reste et il restera probablement toujours de nombreux sujets de discussion et de contestation.

Les discussions à ce sujet ne nous appartiennent pas, en tant que formes gouvernementales. Cependant, pour se faire une idée de ce que l'on entend par organisation politique et gouvernementale d'un pays, et bien comprendre le mouvement des ressorts de la machine que nous étudions, il n'est pas sans utilité de se demander d'abord où gît la difficulté capitale du sujet.

Les hommes qui se sont occupés de ces matières se demandent d'abord quel obstacle fondamental on a toujours rencontré lorsqu'on voulait parvenir à l'organisation des pouvoirs sociaux ; ils ne se le dissimulent pas, ces obstacles, ces difficultés, sont dans la nature des choses. Je dis dans la *nature des choses,* car, qui dit *pouvoir* ne dit rien ; on dit une *force* qui doit, sans aucun doute, être au service de la *justice,* l'auxiliaire du *droit ;* sans cela pas de puissance, pas de *pouvoir*.

Mais, en même temps, il est dans la nature des choses et dans les tendances éternelles des passions humaines, que toute forme de constitution exclusive, dès qu'elle a acquis une certaine consistance par sa durée, tend à absorber tous les intérêts qu'elle n'embrasse pas au profit de ceux qu'elle protége dans les mains de ceux à qui elle a été confiée : telle est la difficulté du problème.

Que voulez-vous! l'homme est ainsi fait; l'homme qui aspire par sa pensée à tout ce qui est parfait, et en quelque sorte à *l'absolu*, veut le pouvoir pour que les grands principes sociaux règnent fortement sur la société. Dans sa pensée, la mission de la constitution est de protéger le faible contre le fort, de maintenir le grand principe d'égalité sociale; et, en même temps on cherche, pour tous les cas possibles, des garanties pour ainsi dire infaillibles contre l'abus possible de la *force* exercée par la *puissance*. En d'autres termes, on voudrait avoir d'un côté une force sociale qui agit au profit de la société, en même temps qu'elle ne négligerait les droits d'aucun. Or , pour cela , on voudrait trouver moyen de soumettre ce pouvoir à une responsabilité légale de ses actes.

Eh bien! là s'élève la grande, la capitale difficulté du problème; car le pouvoir qui répond de ses actes devant un autre pouvoir, ne peut subir cette responsabilité, accepter pour souverain juge qu'un tribunal plus puissant, qu'un pouvoir plus fort que lui; et dès lors devant qui répondra le pouvoir? devant un plus fort encore, dira-t-on; mais devant qui repondra ce dernier? qui, en d'autres termes, jugera le juge?

Je crois, Messieurs, que voilà le véritable nœud de la question débattue inutilement depuis tant de siècles; question contre laquelle sont venus se briser les efforts de tant d'hommes illustres , de tant de sociétés civilisées. C'est que , quelle que fût la forme, le nom du gouvernement, on arrivait toujours à un ou à plusieurs dépositaires du gouvernement, ou au gouvernement de tous. Et, dans tous les cas, qu'un seul, que plusieurs, que tous aient été les dépositaires de la puissance sociale, ce dépositaire pouvait en abuser, parce que, quoiqu'il ne soit pas dans les instincts de l'homme moral de s'écarter du *bien*, du *droit*, fondé pour l'exercice de la justice et garantir les droits du plus faible contre le plus fort, tout dépositaire arrivait toujours au bout d'un certain temps à négliger les droits du faible au profit du fort, et alors que ce soit un ou plusieurs ou tous, ils ont violé la *justice* qui est *l'attribut* du *pouvoir social*.

Si l'on veut résoudre ce problème de manière à ce que la garantie existe dans tous les cas, faut-il la chercher dans un pouvoir qui répond de ses actes à un pouvoir plus grand, parce qu'autrement ce pouvoir est sans contrôle efficace? mais encore une fois, avec des juges qui répondent de leurs jugemens devant d'autres juges, répondrez-vous que tous les jugemens seront sans erreur, sans abus même volontaire de la part soit des juges soit du pouvoir? et, pouvez-vous renvoyer le premier pouvoir devant un second, et le second devant un troisième, et ainsi à l'infini?.. Non, Messieurs, il faut s'arrêter quelque part; il faut s'arrêter à la NÉCESSITÉ.

Et, vous le savez tous, Messieurs, un pouvoir où la responsabilité légale devient impuissante, où l'homme ne relève plus que de DIEU et de sa *conscience*, devient bientôt un pouvoir oppresseur et tyrannique ; qu'il soit confié à un, à plusieurs ou à tous, peu importe. Alors on est arrivé à s'apercevoir qu'il n'y a pas de garantie directe possible contre le pouvoir, et on a eu recours aux garanties indirectes.

Plusieurs modes de garanties indirectes ont été essayés par divers peuples ; ce sont :

Ici, la garantie de l'élection ;

Là, celle de l'opinion publique et de la liberté de la presse ;

Ailleurs, un système religieux ;

Plus loin, des combinaisons diverses.

Sur ces divers modes de garantie, sans vouloir entrer dans les détails, nous signalerons seulement le point capital où gît la difficulté du problème, à savoir, d'organiser la responsabilité directe et légale du pouvoir jusqu'aux limites du *possible*, quelle que soit la forme du gouvernement. Car c'est là que peuvent s'abriter les intérêts particuliers, les intérêts de famille, les intérêts de caste ; c'est là que peut, par conséquent, s'établir la lutte entre les intérêts généraux et les intérêts particuliers, de famille, de caste, etc... soit que le pouvoir repose entre les mains d'un seul, soit qu'il soit confié à l'aristocratie, soit qu'on l'ait livré à la démocratie.

Portez vos regards par la pensée sur l'histoire, arrêtez-les sur les monarchies, comme sur les républiques de Venise, de Gênes, de Florence, ou sur les petits cantons de la Suisse, où chaque père de famille arrive sur la place publique avec le sabre au côté pour délibérer sur les intérêts généraux du

pays (et cela est possible dans ces états qu'on
peut traverser , dans leur plus grande longueur ,
d'une frontière à l'autre en trois quarts d'heure).
Eh bien ! la même lutte s'établit partout entre l'intérêt général et l'intérêt particulier. Moi-même ,
j'ai vu dans les réunions publiques que l'on nom-
me *lasquemain* les orateurs s'évertuer à faire
adopter une capitulation militaire pour envoyer au
pape des soldats qui devaient mettre à la raison ce
qu'ils appelaient les *révoltés du pays :* je ne sortis
pas, Messieurs , sans comprendre que le véritable
intérêt pour lequel ils avaient soutenu cette mesure n'était pas l'intérêt général, mais bien l'intérêt particulier de quelques familles qui voulaient
donner des officiers à ces compagnies.

Ainsi, quelle que soit la forme du gouvernement,
je le répète, on arrive toujours à ce danger de ren-
contrer sur le terrain même de l'intérêt général un
intérêt particulier qui se substitue violemment
ou subitement à lui.

Aussi n'y a-t-il que les garanties indirectes et
morales à l'ombre desquelles l'intérêt particulier
ne puisse s'abriter, à l'exclusion de la justice et du
droit.

Eh bien ! Messieurs , en admettant ce principe
que les dépositaires du gouvernement réclame-
ront, comme de simples citoyens, des principes
fondamentaux de *l'égalité* devant la loi et de *l'égalité* civile, on pourrait faire en quelques mots
l'histoire des gouvernemens qui ont régi le monde
en les rangeant en deux catégories :

Les gouvernemens nationaux ;

Les gouvernemens de priviléges.

Mais, il faut le dire, comme le démontre l'histoire avec franchise, il est de fait que les gouvernemens de priviléges ont seuls pendant long-temps
gouverné le monde, ce qui ne veut pas dire que
les gouvernemens de priviléges méritent plus que
les autres nos éloges ; car la science ne doit jamais
profiter au vainqueur contre le vaincu ; ce qui ne
veut pas dire que les gouvernemens de priviléges
qui ne s'appuient pas sur des principes nationaux
soient les meilleurs, parce qu'ils aident au développement et à la durée de la prospérité publique.
Mais enfin, dans l'antiquité, tous les États qui ont
acquis des développemens brillans, l'histoire les
signale comme ayant vécu et grandi sous des gouvernemens de priviléges.

Cela n'est pas dit ici pour prouver qu'un gouvernement qui fait la part de *tous* et de *chacun*
soit un pauvre gouvernement, qu'un gouvernement *national* soit plus mauvais qu'un gouvernement de priviléges. Nous tenions seulement à dé-
montrer une chose malheureusement vraie, à savoir, que *l'homme retire souvent une certaine
somme de bien de ce qui n'est pas moralement
bien.*

J'ai dit que, dans l'antiquité, il n'y avait jamais
eu de gouvernemens de priviléges ; je vais maintenant en chercher les causes. Elles sont nombreu-
ses ; mais on peut les réduire à trois principales :

La première, le plus grand fait, le fait général
du monde ancien, c'est l'*esclavage.*

Je vous ai déjà parlé de l'esclavage, dans la première partie de ce cours, mais en l'envisageant sous un autre point de vue, sous le point de vue de la liberté individuelle.

L'esclavage était dans l'antiquité le fait général, avons-nous dit. Qui dit esclave, dit conquérant, dit emploi de la force par laquelle l'esclavage s'établit (j'éloigne ici la question de l'esclavage de naissance); dans l'espéce, c'est le champ de bataille qui donne les esclaves. N'est-ce pas encore le champ de bataille qui nous donne des prisonniers ? mais, pour nous, des prisonniers sont des hommes que nous ne tardons pas à échanger ou à renvoyer dans leur pays. Dans l'antiquité ce fait n'était pas, comme chez nous, accidentel ; ce fait du champ de bataille, de la conquête, était le but de toutes les constitutions sociales ; et le résultat rigoureux, nécessaire de ce principe, c'est que le gouvernement avait, entr'autres missions, celle de maintenir l'esclavage; car l'esclavage n'était pas un fait *accidentel*, mais un fait *nécessaire*.

Donc personne ne nie que les gouvernemens *nationaux*, par rapport à une certaine caste, ne fussent des gouvernemens de *priviléges* par rapport à cette partie, la plus considérable du monde ancien, les esclaves; et cependant ces États ont longuement et grandement prospéré.

Nous signalons à votre attention la deuxième cause de l'existence des gouvernemens *spéciaux* dans l'antiquité; c'est la simplicité de l'organisation politique du monde ancien. Il faut, en effet, reconnaître, comme j'en ai fait l'observation, que

presque toujours dans l'antiquité un seul élément.
a dominé une société tout entière.

J'explique ma pensée par un exemple :

Rome a d'abord été la Rome des patriciens.

Qu'étaient alors les habitans de Rome qui n'é-
taient pas patriciens ?... rien ou presque rien.
Ceux-là n'avaient pas de droits politiques, pas de
droits d'alliance par mariage avec le patriciat, pas
de culte et de sacrifices communs avec le patriciat;
le plébéien travaillait au profit du patricien qui
régnait. Mais les plébéiens ayant un jour établi la
lutte, au fond le patriciat a disparu de ce jour-là.
Car, il ne faut pas s'y tromper, la noblesse disparut avec ses priviléges exclusifs. Les noms seuls
sont restés, et on s'est souvent laissé prendre à
cette apparence extérieure ; mais au fond, je le répète, le patriciat disparut alors.

L'autre principe eut bientôt tout envahi; le
principe opposé disparut, et ne s'arrangea pas,
comme on l'a dit, avec le parti vainqueur ; il n'y
eut pas *composition* entre eux pour se partager la
direction sociale. Un tel accommodement ne vint à
l'esprit de personne ; nous ferons même remarquer
ici que cette observation vraie pour ce cas particulier est également vraie en général dans l'antiquité. Il y avait alors trop de simplicité, d'*unicité*
dans le principe des sociétés pour qu'il en fût autrement. Quelque principe nouveau s'emparait-il du
pouvoir, l'exil ou l'exclusion des fonctions publiques devenait le partage des vaincus, parce que
l'antiquité avait pour maxime d'exterminer ou
d'asservir l'ennemi après la victoire.

Les mauvais jugemens portés par nous sur ces époques reculées viennent de ce que nous portons nos mœurs particulières dans l'histoire de l'antiquité; mais, il faut le répéter, dans ces temps-là, l'extermination, ou l'esclavage, ou un état non loin de l'esclavage, étaient toujours la part réservée aux vaincus. Et ces mœurs n'existaient pas seulement d'ennemi à ennemi, du dedans au dehors; elles suivaient encore le citoyen dans l'intérieur de la cité, elles faisaient loi dans la place publique comme sur le champ de bataille : telle est la deuxième cause de la nécessité des gouvernemens de priviléges dans l'antiquité.

La troisième cause était l'ignorance de ce qu'on appelle *gouvernemens représentatifs*. Gardons-nous en effet de confondre ce que l'on appelle la *représentation* avec l'*élection*, ni avec quelqu'une des diverses formes de gouvernemens dites *mixtes*. En effet, on conçoit un gouvernement à la fois monarchique et électif, sans *représentation* ; on conçoit même un gouvernement électif dans lequel il n'y a pas véritablement *représentation* ; et cela est si vrai, que les gouvernemens électifs de l'antiquité et du moyen-âge n'étaient pas des gouvernemens représentatifs. Ainsi, le gouvernement représentatif était inconnu à Venise, quoique l'élection y fût pratiquée avec des combinaisons de pondération telles qu'elle y semble soumise aux calculs mathématiques les plus compliqués, pour prévenir ce que les Italiens nomment *imbroglio*. Cependant la *représentation* y était inconnue.

C'est que l'on entend par le mot *représentation*,

le *concours* du pays entier dans des délibérations ayant pour objet de traiter en commun des affaires générales. Or, l'essentiel pour qu'il y ait *représentation*, ce n'est pas l'assistance individuelle de chaque citoyen à la délibération, ce qui ne saurait avoir lieu que dans de petits états qui ne dépassent pas certaines dimensions ; mais dans des états plus vastes, il n'y a de représentation possible que par le choix de représentans des intérêts de chacun dans une assemblée dont le nombre des membres est restreint. Ainsi, pour prendre encore Venise pour exemple, les élections y étaient très compliquées, avons-nous dit, mais elles ne s'exerçaient que dans la ville, et entre les membres du patriciat, voilà pourquoi il n'y avait pas représentation. Ainsi, en Angleterre, du moins avant la dernière loi de réforme électorale, nous trouvions, dans un état où l'élection était une des bases fondamentales de la constitution, des villes, grandes, commerçantes, riches, n'étant pas représentées ; et, à côté, des bourgs sans importance, sans population, presque déserts, envoyaient à la Chambre des Communes un, deux, trois représentans. Eh bien ! quoique le principe fût faussé, il y avait application du principe électif, mais non du principe de *représentation* dans ce mélange des trois formes de gouvernement.

Or, qu'était-ce que les villes et les provinces, excepté la capitale, dans l'antiquité ? rien que des sujets. Les anciens ne connaissaient que le gouvernement d'un individu, d'une famille ou d'une commune : qui a fait la conquête du monde ? est-ce la *République* romaine ? non, c'est la *commune* de

Rome qui s'est constituée la masse du monde. Et
en effet, en dehors de la banlieue de Rome, quelle
participation avaient les nationaux aux affaires publiques? quel droit avaient-ils de se mêler ou d'in-
tervenir au sénat, aux comices où se traitaient
les affaires? aucun. Ils n'avaient d'autres droits
que celui d'obéir à la commune, à la *municipalité*
de Rome.

Et disons que la science politique d'alors n'était
guère plus avancée que la pratique. En lisant après
coup, après avoir appris ce que nous savons aujourd'hui, on croit trouver des analogies avec ce
que nous appelons la *représentation* dans Cicéron,
dans Tacite, etc.; mais si ce n'était trop m'éloi-
gner du but de cette leçon, je vous démontrerais
combien ces analogies sont, je ne dis pas éloignées,
mais fausses et inventées après coup par la pré-
vention. Ils parlent d'une fusion entre les principes monarchiques, aristocratiques, démocratiques;
quelques autres écrivains en ont aussi parlé; mais
je ne sache pas qu'un seul publiciste ait seulement abordé la question de la représentation avant
le secrétaire de la République Florentine qui suc-
céda à Machiavel. Ce savant a écrit sur les Républiques de Florence, de Venise, de Sienne : c'est
DONATO JANOTTI. De tous les auteurs modernes,
c'est le seul qui ait, on peut dire, touché la question du système représentatif, dans son plan de
réorganisation de la République Florentine, qu'il
fit pour récompenser son ingrate patrie de l'exil
auquel elle l'avait condamné. Ce grand homme en
approche souvent; on croit qu'il va saisir la véri-

table question à chaque page, à chaque ligne, à chaque mot, et il passe à côté sans s'en douter ; pour un auteur de si haute portée politique, la *représentation* était inconnue.

Quand la représentation est inconnue dans un vaste pays, quelque gouvernement qui le régisse, sans doute ce gouvernement peut être *national*, mais il devient vite un gouvernement de *priviléges*. Tout le monde convient que les *Monarchies* pures dégénèrent; mais quel sera le degré de dégénérescence des autres formes du gouvernement qui n'auront pas admis le principe de la représentation ? Quand Rome donna des lois au vaste Empire Romain, qu'était Rome, sinon une monarchie ? Tout le reste des villes de l'Empire n'était que la réunion des cités tributaires, esclaves, soumises ; Rome était alors le monarque de l'Empire, monarque absolu, et dans ce cas, cet absolutisme d'un *corps moral* était mille fois plus lourd et plus dur que l'absolutisme d'un individu ou d'une famille, parce que chez l'individu la voix de la conscience et de la loi morale a bien plus de prise que sur un être collectif; aussi Rome exerça-t-elle le plus cruel des despotismes.

Nous avons également vu Venise maîtresse des îles Ioniennes et de la Morée ; et, il faut le dire, ce n'est pas pour moi un problème si la domination des Turcs a été plus fatale à ces contrées que celle des Vénitiens : je pense le contraire.

Ce que l'on appelle les bailliages Italiens, le canton du Tessin, le plus beau pays sans con-

tredit qu'éclaire le soleil d'Europe, était sous la
domination des cantons suisses ; Zurich était
son roi , comme Rome était la maîtresse de l'empire romain. J'en appelle aux écrits d'un homme
ami de la liberté ; on n'a jamais vu domination
s'écarter plus que celle-là du principe *national*
et du respect dû aux droits individuels. Je ne
parle pas des formes extérieures de cette domination, par exemple de l'obligation de parler
à genoux devant les magistrats du canton , etc. ;
mais je parle des attentats commis contre la liberté
de tous , de la corruption et de l'irresponsabilité
des jugemens , sans que jamais aucun recours
puisse être obtenu.

Cela me rappelle la Sicile sous la Grèce ; la dis-
tance du temps et des lieux ne change rien aux
choses : quand le principe *élection* n'est pas com-
plété par celui de *représentation* , il n'a ni durée,
ni valeur de pondération et de justice.

Nous venons de dire les trois causes qui ont
retenu les sociétés anciennes dans les voies où
nous les avons vues marcher, conduites toutes par
les règles d'une politique exclusive et de monopole;
avant de terminer, donnons encore un autre motif
à cette direction de la politique ancienne : ce
motif découle naturellement des développemens
subséquens : c'est *l'ignorance du principe de la
représentation*.

DEUXIÈME LEÇON.

13 avril 1856.

Barbarie. — Féodalité. — Deux périodes féodales (Sommaire).

Messieurs, après avoir établi la distinction, très remarquable à notre avis, de gouvernemens en gouvernemens nationaux et en gouvernemens spéciaux ou de priviléges, nous devons essayer de vous faire l'application historique de cette même division aux gouvernemens du moyen-âge, après avoir essayé de suivre rapidement la filiation du principe gouvernemental sur les peuples de l'antiquité, et avant d'arriver à l'exposition du système de gouvernement en vigueur chez nous.

Mais avant de nous livrer à cet examen rapide, nous devons bien nous rappeler que les peuples anciens n'ont guère connu qu'une seule espèce de gouvernemens, les gouvernemens de priviléges; et cela, pour trois raisons tirées de leur système social, de leur organisation politique à l'état de privilége, et de leur organisation sociale qui n'admettait pas le principe fondamental de l'égalité civile ; qu'en conséquence, et par application de ce système, comme les institutions sociales chargeaient le gouvernement de maintenir cette infraction au principe de l'égalité devant la loi, il en résultait nécessairement que les gouvernemens, institués en quel-

que sorte contre l'émancipation de chaque peuple
esclave, n'était pas le protecteur de tous, n'était
pas le conservateur des droits et des intérêts de
tous, et n'était, au contraire, que le protecteur, le
conservateur des intérêts d'une très petite partie
de la population, au détriment de la majorité esclave.

En second lieu, et indépendamment de ce fait
général ancien, l'esclavage, le pouvoir politique
était le plus souvent exercé par une portion de
l'état, à l'exclusion de toutes les autres parties; le
plus souvent par une portion très minime de la société, le plus souvent par une ville. Dans l'antiquité, c'est une ville qui domine l'état entier; d'où
il résulte que, quoique le gouvernement ait été
fondé pour le maintien de l'intérêt général, comme
c'était une fraction de l'état, une ville (le plus souvent, avons-nous dit), ce pouvoir n'a pas tardé à
agir exclusivement dans une vue et un intérêt particulier.

Dans ces faits, Messieurs, nous trouvons la con-
firmation d'une observation que nous avons été
amenés à faire dans le dernier semestre; lorsque
nous avons remarqué que,

L'égalité civile,

Le taux de ces droits civils garantis par la constitution,

Et l'exercice de ces droits accordés à une nation,

Sont trois droits distincts, et que l'on a eu tort
de les prendre l'un pour l'autre. Ce sont trois idées,
qui, quoique distinctes, ont des rapports nombreux,
psycologiques et historiques, en ce sens que, mal-

gré la concentration des pouvoirs politiques, ils
diffèrent essentiellement de l'égalité civile ; et quand
l'égalité civile n'existe pas, il est difficile que le
pouvoir ne tourne pas contre les droits et les intérêts de ceux qui ne l'exercent pas. L'antiquité ne
connaissait donc qu'une seule espèce de gouvernement, le gouvernement de privilége ; et elle ne
pouvait en connaître d'autre, puisque le principe
de l'égalité civile ne lui était pas connu, et que, s'il
a existé dans son sein quelques gouvernemens *nationaux*, ils n'ont pas tardé à dégénérer en gouvernemens *exclusifs*, par les motifs que nous avons
déjà suffisamment développés.

Maintenant arrivons au moyen-âge.

Dans cette période, nous allons poursuivre l'application de cette division aux gouvernemens de
cette époque, et vous serez amenés, Messieurs, à
conclure qu'il y a presque identité entre les gouvernemens du moyen-âge et ceux des temps anciens ; ou du moins qu'ils ne diffèrent que par des
caractères extérieurs, sans différence sensible au
fond.

Nous avons déjà envisagé le moyen-âge sous un
autre point de vue, et nous ne reviendrons sur ce
que nous avons dit que pour rappeler vos souvenirs. Nous vous prions de vous rappeler que cette
longue période dite le *moyen-âge* peut se diviser,
et se divise, en effet, par la nature même des choses,
en deux époques bien distinctes entre elles : l'une,
du bouleversement de l'empire par les Barbares ;
l'autre, de la réorganisation sociale et politique en
Europe.

Je dis que la première époque est celle du bouleversement, de la commotion, de la ruine, et je ne
vous rappellerai pas des faits qui sont présens à
votre esprit, la chute de l'empire et les invasions
des Barbares. Je dis *les invasions*, et je dis avec
intention ; car le véritable moyen de ne rien comprendre à ce grand phénomène, l'*invasion*, serait
de l'envisager comme un fait unique, tandis que
ce fait terrible, mais nécessaire, se répéta pendant
plusieurs siècles.

Or, quel était l'état social et politique de l'Empire durant cette crise si longue et si épouvantable?
Évidemment, en lisant les histoires qui en font foi,
il est facile de concevoir, *à priori*, l'effet produit
par ces irruptions successives, non d'une armée,
mais d'un peuple sur un autre peuple, d'un peuple
sortant des forêts sur un autre peuple civilisé,
mais amolli, affaibli et divisé.

Les époques de bouleversemens ne profitent
guère aux progrès de l'ordre social, et on ne vit
jamais bouleversemens et luttes plus profondes que
dans ces temps-là. Lutte entre la civilisation de
l'Empire contre la barbarie ; lutte du christianisme
contre la corruption du Romain et la violence du
Germain ; lutte du principe d'autorité romaine
contre l'indépendance personnelle des Barbares ;
lutte enfin entre l'aristocratie nobiliaire et l'aristocratie militaire et féodale.

Dans cette lutte multiple, rien de stable et de régulier. Il y a plus : rien d'homogène dans les élémens que le Nord déversait sur le Midi et l'Occident, rien d'homogène avec les populations enva-

hies , rien d'homogène entre les envahisseurs. Et
ce n'était pas en un an, ce n'était même pas en un
siècle que ces races nouvelles pouvaient s'incor-
porer dans le monde ancien, s'amalgamer avec les
élémens du peuple conquis : il devait y avoir pendant long-temps encore lutte entre ces faits et ces
principes divers.

Mais, outre ces luttes intestines, il n'y a personne de vous, Messieurs, à qui les souvenirs de
l'histoire ne disent combien les états eux-mêmes
qui nous paraissent aujourd'hui à peu près déter-
minés, dont chaque démembrement ou chaque ad-
dition n'est plus que le résultat de grandes luttes
rares de nos jours, ou de traités diplomatiques qui
suivent les grandes luttes , combien les états de
cette période étaient soumis fréquemment à ces
grandes luttes. Elles se faisaient sentir alors à
chaque instant, et l'empire se brisait en un certain
nombre d'états que de nouvelles luttes fraction-
naient à leur tour.

Et les états changeaient ;

Et les dimensions des états changeaient ;

Et les capitales changeaient ;

Et comme tout devait nécessairement être va-
riable alors , il n'y avait aucun point de l'Europe
où l'on pût trouver des traces d'une constitution
politique et d'un gouvernement régulier ; telle est
en deux mots la véritable histoire de ce temps-là :
rien de stable, rien d'homogène.

En effet , après avoir étudié la multiplicité des
élémens de ce temps-là , si nous étudions l'état des

personnes, nous ne voyons aucune homogénéité entre elles.

Il y avait alors l'*homme* qui ne relevait que de Dieu et de son espèce.

L'homme *libre* aussi, mais invoquant la protection du premier et vivant à l'abri de son bouclier.

Il y avait l'*affranchi* qui n'était ni libre ni esclave.

Il y avait encore l'*esclave* et le *serf*.

Ainsi nulle homogénéité dans la population, et cette absence d'homogénéité dans les personnes existait aussi dans les choses.

Il y avait la propriété foncière, libre, qui se transmettait librement.

Il y avait les bénéfices qui étaient une concession du plus fort au plus faible, et dont la constitution se ressentait de cet état de soumission.

Ainsi, point d'homogénéité dans les choses, point dans les personnes, point dans les institutions.

Quand j'ai dit que l'invasion des Barbares n'était pas un fait instantané, mais un fait successif, se répétant durant des siècles entiers, il faut se rappeler que les peuples envahisseurs étaient d'origines diverses, qui apportaient successivement de nouveaux troubles, de nouvelles mœurs au milieu de cette société romaine qui tombait en ruine, alors on pourra se faire une idée assez complète de la perturbation de cette première période que nous avons appelée la période de bouleversement, commotion en Europe.

Or, jusqu'à quelle date historique peut-on dire que cette commotion se prolonge? ou plutôt, à quel moment doit-on placer le commencement de la seconde période? à Charlemagne, et peut-être rigoureusement parlant, il faudrait la placer dans le commencement du 10e siècle. Quoi qu'il en soit de la date, et, puisqu'il s'agit d'un fait moral, peu importe la date, nous passerons outre, constatant pour la dernière fois que jusqu'à ce moment aucun pouvoir ne pouvait avoir la force gouvernementale; là où il n'y avait rien de stable et d'homogène, qu'aucun gouvernement social n'était possible, le pouvoir social manquant de tous les élémens né- cessaires pour se révéler et se constater, manquant également de moyens matériels, parce que, comme nous l'avons vu, les états s'étant brisés et fragmen- tés, la population était constamment flottante, et à peine savait-on à quelle population le pouvoir social devait commander. Mais nous ne termine- rons pas ce que nous avions à dire sur cette épo- que, sans constater une dernière raison, raison plus grande, plus grave de cette absence de pou- voirs sociaux; c'est l'absence d'idées et de senti- mens communs.

Qu'y avait-il de moralement et d'intellectuelle- ment commun entre le Romain et le Germain; en- tre des hommes ayant vécu sous l'empire et des hommes sortant des forêts de la Germanie; entre des hommes habitués à la civilisation de l'empire et des hommes n'obéissant qu'à leur volonté; quoi de commun entre le barbare païen encore et le chrétien? quoi de commun entre celui qui a subi

la double loi du pouvoir temporel et du pouvoir
spirituel, et celui que le christianisme cherche à
convertir à sa foi ; quoi de commun entre le Romain avec ses lois si savantes qui paraissent le type
des législations postérieures, et le barbare avec ses
coutumes non rédigées ? Or, pour qu'un gouvernement existe, il lui faut non-seulement une base
matérielle, mais aussi un base morale, et il n'y
avait alors ni base matérielle ni base morale, voilà
pourquoi il n'y avait pas, il ne pouvait pas y avoir
gouvernement.

On était dans cette période, sous le rapport politique, à peu près dans la position où nous nous
trouvons nous-mêmes aujourd'hui sous le rapport
littéraire. Or, aujourd'hui, on se plaint d'entendre
dans le domaine des lettres, ici des accusations
haineuses, là des hymnes hyperboliques. Il est
certain que les unes sont trop violentes, les autres
sont trop poétiques ; mais à qui la faute ? là où il
n'y a plus de doctrine acceptée par tous, de sentiment littéraire commun, est-il étonnant que l'on
essaie autre chose que ce qui a été fait jusqu'à ce
jour et que l'on cherche une poétique nouvelle ?
Non, Messieurs, parce que l'auteur s'adresse aujourd'hui à un public dont le *credo* littéraire n'est
point formulé, il a le droit de tenter de l'amener
au sien. Quand on s'adresse au contraire à une société dont le *credo* est formulé et admis, on n'a qu'à
suivre la voie, on n'a qu'à marcher selon ses forces ;
mais le public n'ayant plus cette soumission d'o-
pinion qui *s'incline* devant une forme *reçue* et *inal-
térable*, il en résulte qu'il est naturel que la litté-

rature, pour se faire accepter, frappe à toutes les portes, s'adresse à toutes les opinions. A l'époque dont je continue à vous entretenir, quelle était la *forme* de gouvernement possible *acceptable?* Aucune, parce qu'aucune ne satisfaisait tous les intérêts de tous ces élémens hétérogènes de la société.

Et sans doute, entre *l'art* et la *politique*, il y a des rapports qu'il importe d'établir. Nul n'ignore que, chez les anciens, l'unité de l'art correspondait à l'unité de gouvernement; on conviendra avec nous qu'il y a plus d'un rapport entre la poétique d'Aristote et le système politique d'Athènes et entre le système de Louis XIV et la *Phèdre* de Racine.

Quoi qu'il en soit, tout excès de la puissance individuelle rend tout gouvernement impossible; le pouvoir ne peut se développer là où l'individu se meut en contradiction avec lui. Aussi, les anciens s'attachèrent-ils à détruire l'*individualité*; chez eux, l'*individu* n'était qu'un membre de la société. Dans l'époque de confusion du moyen-âge, au contraire, la latitude d'action laissée à l'individu paralysait tout pouvoir social.

Ce qui ne veut pas dire qu'il n'y ait eu des essais d'organisation dans ces temps de désordre; car c'est chez l'homme un besoin instinctif d'être organisateur; il veut la loi dès qu'elle lui manque, mais dès qu'il l'a, surtout s'il sort du nord, il est aussi disposé à l'enfreindre, que disposé à la recevoir par

4

le besoin instinctif de reconnaître la volonté de la société.

Il y eut donc alors plusieurs essais de réorganisation sociale très connus, et notamment en Italie, du temps de Théodoric par les Ostrogoths. Mais, c'est la plus grande calamité de ces temps-là, calamité qui a rejailli jusque sur nous, que l'impuissance de Théodoric à réorganiser le pouvoir social en Italie; car si son œuvre avait pu être durable, l'Italie n'aurait pas toujours été, depuis ce temps-là, comme elle est aujourd'hui, la victime du morcellement.

D'autres tentatives furent faites, notamment quand les Barbares voulurent rédiger leurs lois et coutumes en un code; dans la Gaule par la loi des vaincus et le bréviaire d'Amiens, et par les Visigoths dans la France méridionale et en Espagne; mais nulle tentative ne fut plus importante que celle d'un barbare victorieux qui essaya de reconstituer le pouvoir en France : j'ai nommé Charlemagne ; et pour clore la liste de ces hommes qui voulurent plus et mieux qu'il ne se pouvait en leur temps, il faut citer aussi Alfred-le-Grand en Angleterre.

Ces tentatives qui échouèrent toutes doivent prouver une chose : c'est que, s'il est possible à un homme de devancer son siècle, il le peut par la pensée, mais non par l'œuvre, parce que l'œuvre demande le concours des contemporains, et que les contemporains sont toujours de leur temps.

Voilà pourquoi les pensées de ces hommes avancés ont manqué à la réalisation; ce qui ne

veut pas dire qu'elles aient été inutiles, puisqu'elles ont laissé des souvenirs, des reminiscences,
et en quelque sorte une éducation ; mais en tant
que réalisation, il faut le dire, après en avoir
expliqué les causes, elles ont manqué. Les troubles civils, les désordres, suites des guerres, étaient
trop grands pour permettre à cette précieuse se-
mence de pousser des racines ; il fallait auparavant
que les eaux de tous ces torrens de Barbares pussent se réunir et se creuser un lit ; et ce lit s'est
creusé, parce que l'invasion a cessé, comprimée
par la main puissante de Charlemagne.

Mais de ce que l'invasion avait cessé, il n'en
résultait pas que le terrain fût propre à édifier
une nouvelle organisation sociale ; le calme était
trop récent et inaccoutumé, la peur des Barbares
était encore trop puissante : cette peur, qui devait encore durer des siècles, avait jeté trop d'in-
certitude dans les relations, dans les transactions
et dans la propriété.

Toutefois, il résulta tout d'abord de ce fait un
autre fait immense, c'est que la propriété appartint
décidément de ce moment-là au plus fort, et, quelque peu moral que soit ce principe, les propriétés se
sont assises et constituées, des rapports plus inti-
mes s'établirent entre les populations qui s'amal-
gamèrent ; on était déjà tous (malgré la diversité
d'origine) enfans du même pays, et on commençait à parler tous une langue nouvelle. Ainsi, même
climat, même domicile, même religion, même
langage, cela formait un état essentiellement diffé-

rent de l'état précédent ; et cette opération , que je décris en quelques mots , s'opéra dans un travail intérieur de plusieurs siècles.

C'est ainsi que s'est constituée l'Europe durant le moyen-âge.

Or qu'est-il arrivé du pouvoir durant cette seconde période ?

L'Europe était soumise à la Féodalité.

Vous devez vous rappeler que nous avons déjà considéré la féodalité sous un autre point de vue. Je vous rappellerai seulement qu'elle avait tout envahi , soit directement , comme principe gouvernemental et social , soit indirectement , dans les rapports d'individus à individus , d'individus avec l'église, avec l'état , avec les communes.

Or , Messieurs , qu'était le principe féodal ? quel était le principe de ce gouvernement qui a trouvé des panégyristes même de nos jours, afin de prouver sans doute que l'homme est un *animal essentiellement paradoxal?* Le principe de la féodalité, Messieurs , c'était le pouvoir de *l'homme* sur *l'homme.*

Et ne croyez pas que ce principe ne fût qu'un principe transitoire , qui n'établissait que des rapports temporaires et momentanément nécessaires, non. Ce principe était alors partout reconnu comme un droit permanent, nécessaire, comme un droit dérivant de la nature des choses. Et de là , il découle naturellement que le gouvernement féodal ne pouvait être qu'un gouvernement spécial , de privilège, qu'il n'était qu'un gouvernement *anti-national*, puisque la *féodalité* n'était autre chose que le *privilège incarné.*

Un autre point de vue sous lequel on peut envisager le gouvernement féodal, c'est qu'il diffère des autres gouvernemens *absolus* et *irrationnels*, en ce que ceux-ci ont toujours senti qu'il fallait parler au peuple au nom d'une idée générale, et en effet, ils avaient soin de se donner comme la *loi vivante*, comme les représentans de la *loi ;* la féodalité au contraire a toujours dit au peuple : « obéis, parce que je suis le plus *fort,* c'est parce que je suis le plus fort que j'ai le droit de te commander. »

Aussi, vous trouvez des peuples qui ont obéi, obéi même avec amour, ici à une royauté absolue, là à un sacerdoce, ailleurs à des théocraties diversement mitigées ; il y a même des peuples fanatiques de l'Inquisition ; mais l'histoire ne nous a pas prouvé que le peuple ait jamais eu de fanatisme féodal ; l'histoire nous prouve au contraire qu'il a toujours résisté à la féodalité, et qu'il s'en est débarrassé dès qu'il l'a pu.

Pourquoi cela ?

Il y avait deux raisons. C'est d'abord, comme nous l'avons dit, parce que les autres pouvoirs absolus parlaient au nom d'un principe, principe qu'ils violèrent, il est vrai, mais enfin ils parlaient au nom de la société et de la loi, tandis que le seigneur féodal ne parlait qu'en son nom, et ne déguisait pas sous l'apparence d'un principe général son but *d'exploitation.* C'est qu'un tel système blessait trop profondément le moral et la dignité

individuelle ; les autres pouvoirs abusèrent sans
doute autant de la force , mais ils avaient pour
eux le prestige de l'illusion.

Soyons vrais pourtant ; la féodalité avait son
côté poétique, et cependant jamais elle ne sut
captiver. C'est que le château du seigneur avait
beau être haut perché, l'habitant de la chaumière
l'apercevait toujours , et il ne pouvait cacher à
ceux qui lui étaient soumis sa tête orgueilleuse
dans les nuages, et le peuple ne s'y est pas
trompé !..

Encore une raison c'est la dernière , qui prouve
que le gouvernement féodal était privé de la condi-
tion sans laquelle il n'y a pas de gouvernemens nationaux. C'est qu'il était évident que la féodalité
ne présentait aucune garantie à ceux qu'elle ex-
ploitait , puisqu'il ne saurait y avoir garantie
là où il n'y a pas loi ; à ce sujet on a prétendu
qu'il y avait des assemblées publiques où se traitaient les affaires générales ; mais ces assemblées
étaient exclusivement composées de barons et
de seigneurs féodaux, qui avaient intérêt à soutenir
réciproquement leurs priviléges. C'est là la seule
différence que je trouve entre la royauté féodale
et la féodalité fédérative, c'est qu'il est bien moins
difficile de soumettre à l'obéissance de la loi un
sujet féodal qu'un fédéré féodal ; car la guerre
est le seul moyen de soumettre un fédéré qui ne
veut pas obéir ; vous le savez, Messieurs , cette
obéissance d'un fédéré est déjà bien difficile à
obtenir aujourd'hui, au XIXᵉ siècle, avec la presse

et l'opinion publique ; et c'était au XVe siècle !
Il n'y avait donc aucune garantie; le pouvoir était
brisé, éparpillé.

Qu'aurait-il fallu, demandera-t-on, pour arriver alors à un gouvernement national? Il aurait
fallu que d'autres forces se développassent, des
forces rivales ; ces divers élémens auraient pu se
contenir l'un par l'autre, on aurait pu commencer l'œuvre de réorganisation mais tant que
le pouvoir féodal les domina, la lance à la main,
rien ne put être tenté dans cette voie ; et c'est
en quoi le gouvernement que nous venons de
décrire ressemblait aux gouvernemens de l'antiquité, mais avec cette différence que, chez les
anciens, quand des pouvoirs se trouvaient en
présence, il y avait guerre, guerre jusqu'à l'extermination du vaincu. Au moyen-âge, un principe dominait la société, mais au fond, d'autres
principes existaient aussi et germaient en atten-
dant moment de se produire et de dominer à leur
tour. Il y avait des châteaux, mais à côté il y
avait des villes, uncommerce, des souvenirs mu-
nicipaux, et c'est là le plus précieux legs de
l'empire, celui pour lequel nous lui devons le plus
de reconnaissance, celui dont est sorti le grand
fait de la *commune*. Tels étaient les élémens, en
y ajoutant la royauté et l'église.

Vous voyez donc, Messieurs, que l'élément féodal dominait la société sans détruire les autres élémens qui attendaient le moment de se développer,
chacun à son tour, dans des vues égoïstes, il est

vrai , mais chacun devant à son insu contribuer au but général.

Dans la prochaine leçon , nous les verrons , à à leur insu (ai-je dit) contribuer à la formation des gouvernemens nationaux.

TROISIÈME LEÇON.

15 avril 1836.

Avènement du principe féodal. — La féodalité est un gouvernement de *privilége*. — Tentative d'unité *théocratique*, Grégoire VII. — Constitution des communes. — Commune *germaine*, municipes Romains. — Parallèle des *communes républicaines* du midi de la Gaule, de la Suisse et de l'Italie.

MESSIEURS ,

Le gouvernement féodal , par la nature même des choses , ne peut être qu'un gouvernement *spécial* , qu'un gouvernement de *privilége.*

C'est là, Messieurs , ce que nous avons essayé de vous expliquer dans notre dernière leçon. L'élément féodal était un des élémens de la société européenne , tel que les événemens l'avaient faite alors ; et il se trouva par les circonstances le plus fort et le plus susceptible d'organiser. Il s'empara donc des pouvoirs gouvernementaux de cette société, et lui imposa son organisation, ainsi que nos l'avons déjà fait remarquer , *indépendamment* de tous les droits et intérêts des autres élémens.

Les formes féodales avaient été en quelque sorte appliquées à toutes choses, à ce point que l'on était arrivé à donner des fiefs pour et comme de l'argent : la prétention de la féodalité était donc évidemment de se constituer seule puissance sociale , puissance gouvernementale , puissance exclusive.

C'est là la première prétention de tout principe

Rossi.   5

qui arrive à s'emparer de la direction de la société, et c'est là ce que tous les principes et les gouvernemens sociaux ont successivement tenté en Europe. Chacun a essayé de gouverner la société seul, et c'est là l'expérience longue et douloureuse que devait faire l'Europe dans sa carrière politique. Elle devait supporter toutes les luttes dont ces prétentions exclusives devenaient la cause nécessaire ou le prétexte: aussi, vous le savez, Messieurs, quelles luttes! quelles souffrances ont passé sur tous les peuples d'Europe, avant qu'ils pussent arriver enfin à un gouvernement qu'on puisse appeler un gouvernement *national*; avant que le principe de l'unité gouvernementale trouve moyen d'assurer à chacun sa place et sa part d'influence civile et politique.

Après que le principe féodal eut échoué dans ses prétentions, ce fut le principe théocratique qui essaya de s'emparer de la société, de se faire gouvernement, et gouvernement *exclusif*. Vous le savez, Messieurs, il n'est point un de vous à qui ne soit arrivé le nom de l'auteur du système théocratique, de l'homme qui voulut soumettre l'Europe au gouvernement sacerdotal, Grégoire VII.

C'était Rome chrétienne qui voulait, sous une autre forme, ressaisir le sceptre échappé à Rome païenne : c'était là une grande conception et à la fois une grande illusion.

C'était une grande illusion ; car c'en sera toujours une, que de vouloir ce qui sera en contradiction avec le principe d'où l'on part, et le christianisme, partant du principe de la division des pouvoirs, aurait dû se souvenir qu'il faut savoir *rester* là où on s'est *posé*. Telle était la position du prêtre chrétien ; il voulait se faire chef politique et gouvernemental du monde , tandis que le christianisme , par sa nature , par son essence , doit aspirer à éclairer les intelligences , et non à gouverner les choses. C'est à l'empire de l'âme, et non à l'empire du corps, que le christianisme doit tendre dans une société civilisée; cette société civilisée , le christianisme doit la vivifier par sa morale , doit y aplanir par ses préceptes et par ses exemples divins l'enseignement du juste et de l'injuste, doit y aplanir les voies du droit , en parlant aux hommes de fraternité et d'ordre public. Il demande bien au-dessus des choses mondaines, en inculquant ses idées , il aplanit les voies aux sociétés civilisées fondées sur la justice rationnelle ; mais aplanir les voies , c'est tout autre chose que se faire gouvernement , et dire est autre chose que commander , et inscrire la loi est autre chose que se poser au centre des intérêts.

Non, celui qui parlerait au nom de la justice divine ne pourrait se faire lui-même justice humaine ; il ne le pourrait , parce que le sacerdoce chrétien est sa de nature cosmopolite. Le sacerdoce chrétien n'a pas de nation ; il n'est pas l'apôtre d'un pays , il est l'apôtre du monde ; il n'est pas prêtre de son méridien, de son climat, il est prêtre de l'humanité, apôtre du genre humain; il ne doit pas restreindre ses vœux et ses efforts dans un cercle quelconque ; c'est l'humanité toute entière qu'il doit travailler à amener dans le giron de la foi. Dès lors, il y a contradiction entre l'empire

terrestre qui est de sa nature circonscrit, divisé
par les intérêts divers, souvent opposés, et la puissance religieuse qui est une, morale, générale.
Essayer de résumer dans une seule main ces
deux pouvoirs, c'était se mettre en contradiction
avec la mission de l'apôtre du Christ; et disons-
le, c'était plus qu'une contradiction que de parler
places, prisons, canons, finances, brevets, en descendant de la chaire chrétienne. Eh! Messieurs,
c'est un trône si élevé qu'une chaire, c'est une si
haute, une si noble partie du sanctuaire, que hors
de là, il ne pouvait y avoir pour le sacerdoce,
qu'abaissement et misère : aussi, répétons-le, nul
n'est puissant en dehors de sa nature, et la tentative échoue. Eh! voyez, Messieurs, elle échoue contre
qui?

Elle était soutenue par le peuple.

Elle était soutenue par la science; car les
savans alors étaient des prêtres.

Elle paraissait renfermer toutes les chances de
succès contre la féodalité mal unie, livrée au désordre, et comme conséquence du désordre, tom-
bée dans la faiblesse, et pourtant elle échoue de
suite; déjà à la fin du XIII⁰ siècle son échec ne
pouvait être mis en doute. Un autre principe latent de la société féodale commençait à se développer; nous vous en avons parlé, mais ce n'est que
dans les temps modernes que l'on en a cherché les
traces historiques. Cet élément est l'élément populaire, démocratique, communal, ou tel autre
nom qu'il vous plaira de lui donner. Vous con-

naissez , et nous avons parlé avec quelques détails du développement communal , qu'on appelle *af-franchissement des communes* en Europe. La commune était le germe qui renfermait en lui la réalisation de ce qui doit devenir un jour le prin-cipe des sociétés modernes , l'égalité civile. C'est en elle que se résumait le bourg , le peuple, le tra-vail libre , la participation aux affaires publiques , le gouvernement *national.* Or , Messieurs , j'ai déjà dit que cet élément n'avait jamais disparu complètement , même sous la féodalité , qui s'é-tendait sur toute l'Europe comme un réseau de fer, et semblait devoir étouffer ce germe sous ses pieds : ce germe continue à subsister.

Car ce n'est que pour étudier l'histoire plus commodément , que l'on pourrait dire , et que l'on a dit , qu'il n'y avait plus alors de *peuple* en Europe, qu'il n'y avait plus que des serfs et des seigneurs. C'est un énoncé qui peut être commode, je le répète, pour étudier l'histoire en gros , mais il n'est pas conforme à la vérité. Sans doute la masse des serfs était grande , trop grande. Sans doute, il y avait une vaste aristocratie; mais il est vrai en même temps, qu'il restait quelques villes, quelques bourgs , habités par des hommes libres. Enfin, tout n'était pas serfs ou seigneurs; et cela était vrai surtout pour les provinces situées dans le mi-di de la Gaule, et dans le nord de l'Italie ; car on dirait que plus on s'approche du siège de l'autorité, de la puissance, et plus on s'éloigne du nord, moins la féodalité a jeté de racines profondes , et plus elle rencontre d'obstacles. Aussi, est-ce un

fait notoire que, dans la péninsule Italique , la féodalité ne s'établit jamais complètement comme
dans le reste de l'Europe. Il y a même eu des villes
qui ont souffert, pour se soustraire à son joug, tous
les malheurs qu'entraîne après elle cette crise du
moyen-âge, mais n'ont jamais subi la domination
d'un gouvernement complètement féodal; nous cite-
rons entr'autres Nice, Ravenne, Pise, Rome, Gaëte.

Ainsi, soit en Italie, soit ailleurs, la féodalité
rencontra toujours sur son passage , au milieu des
difficultés que comportait cette époque de troubles
et de désordres, les élémens *peuples, bourgs, communes*.

Et ce que je dis des *hommes*, je le dis aussi des
institutions. L'organisation municipale ou communale était encore debout; elle ne s'appliquait plus
au gouvernement des villes, mais aux actes de la
vie civile : c'était encore par ces actes de municipalité que se faisaient les donations. Or ce fait restait latent, mais il attendait dans le repos, que le
sol, bouleversé par les tempêtes, fût reposé par un
rayon de soleil pour fructifier.

C'est ici qu'il importe de bien se rappeler que
l'organisation communale était double, et qu'elle
ne pouvait pas ne pas l'être.

L'organisation communale du nord, l'organisation Germaine, et l'organisation du midi, l'organisation Romaine. Ces deux principes étaient di-
vergens, avons-nous dit, et avaient des caractères
bien tranchés. Le principe Germain , vous pouvez
le retrouver même aujourd'hui. Il en reste des
traces frappantes en Angleterre, en Suisse, et ceci

ne saurait s'expliquer que par la position géogra-
phique de ces deux nations qui sont isolées des
autres, l'une par la mer, l'autre par les montagnes.
Ainsi, quand vous allez dans les petits cantons, ce
sont des communes, gouvernemens vivaces sous l'organisation communale. La commune est aussi en
principe et en germe dans les autres cantons, non
appelés démocratiques, (je ne parle pas de Gênes).
Eh bien ! là , qu'est-ce que la commune ? ce sont
des familles qui s'associent, qui se garantissent
les unes les autres, qui se soumettent à certaines
règles dont vous allez voir l'application à la
vie civile. Le gouvernement vous *naturalise* ,
mais ne croyez pas qu'il y ait une puissance au
monde qui puisse vous donner le droit de *bour-
geoisie.* Non, ce sont des chefs de famille qui vous
vendront ce droit; ils vous le vendront très-cher ou à
bon marché , selon qu'ils sont riches ou pauvres.
Ainsi, vous pourriez être chef de l'état, et n'être pas
bourgeois. Ainsi on s'est élevé contre la recherche
de la paternité dans ces cantons , et l'on a dit que
cette investigation était contraire aux principes
reçus en législation. Mais , ce n'est pas en vertu de
tel ou tel principe qu'ils en agissent ainsi ; ils ne
sont pas des théoriciens, c'est parce que.... Voulez-vous savoir pourquoi ? c'est parce que la commune est une association , une famille; c'est pour
savoir si l'enfant n'a pas pour père un membre
d'une autre famille, et lui renvoyer la charge de
son éducation et de sa nourriture : c'est donc une
association de famille.

Mais le principe Romain, c'est autre chose. Le municipe Romain est une association politique. Rome a dépouillé ses municipes à son profit, et leur a enlevé l'action politique; mais le principe était politique, c'était sept villes se gouvernant elles-mêmes, et quand Rome leur a ôté l'action politique, elle leur a laissé le pouvoir communal.

Dans le municipe on procédait à l'élection, et après l'élection, on ne s'embarrassait plus de rien; seulement quand le gouvernement nommé déplaisait trop, on se réunissait pour le renverser, et on procédait à une autre élection : Vous voyez qu'il y a une différence, la différence de la Curie (*Curia*) au *lanksman*.

Je ne ferai pas ici le récit des circonstances qui ont développé le fait que l'on appelle généralement *l'affranchissement des communes,* et qui devrait être appellé *l'insurrection des communes;* car les chartes ne sont autre chose que des transactions passées par le pouvoir quand les communes étaient victorieuses. Mais la création des communes n'a pas eu les mêmes résultats sur toute la surface de l'Europe : ici ce fait se divise, et vous lui trouverez de triples ramifications.

Il y a d'abord la commune affranchie, mais reste ce que l'on veut appeler la commune purement civile, qui avait la gestion de ses intérêts intérieurs, sans participer aux droits politiques. Il y en avait d'autres qui n'étaient pas souveraines non plus, et qui cependant ont aspiré à prendre part, et ont pris part en effet à la confection de la loi gouvernementale et politique de l'état.

Une troisième espèce, ce sont les communes absolument politiques qui ont aspiré à se gouverner elles-mêmes : ces communes sont des républiques. Je ne parlerai ni des premières ni des secondes; mais pour notre question, c'est des communes républicaines que je veux vous entretenir, des communes qui ont acquis l'affranchissement complet et politique. D'abord nous verrons que, dans ces communes républicaines, le principe communal est tout, et le principe féodal rien, ou presque rien: c'était une conséquence naturelle. Aussi c'est surtout en Italie que le principe républicain se développa de manière à laisser des traces brillantes dans l'histoire. Il en fut de même à peu près dans le midi de la Gaule.

Mais des causes, mais des effets, mais des différences, donnèrent dans la Gaule des résultats différens. Elles n'étaient pas isolées par les Alpes, et les républiques du midi de la Gaule échouèrent. Plus tard, des circonstances particulières amenèrent des résultats analogues en Suisse. Enfin, la commune républicaine s'établit aussi au bord du Rhin, sur toute la ligne Anséatique, et formait comme une ligne contre la féodalité armée du nord.

Qu'était-ce que la commune républicaine ? Certainement, Messieurs, nul ne peut contester que ce mode de gouvernement ne fût plus national que les autres gouvernemens d'alors, que le gouvernement féodal surtout; et je ne crois pas me livrer à des illusions de jeune homme, en vous affirmant qu'il est impossible de lire l'histoire des républi-

ques italiennes et des cantons suisses, sans éprou-
ver une profonde admiration. Que de gloire! que
de courage! que de génie! que d'activité! au milieu des discordes, des combats, des difficultés
de tous les instans, des obstacles de toute nature.
Vous parlerai-je de la défense des habitans de
Trèves? Voyant approcher les machines de guerre
de Barberousse, voyant leurs enfans suspen-
dus à ces machines dans l'intention d'empêcher
la défense de la place, les pères des victimes
criaient eux-mêmes : « Ne craignez rien, tirez
toujours. » Et cette ville de Milan rasée à fleur de
terre?... le mot est strictement vrai, l'on y voit
encore les pierres de cette destruction, et cependant Milan, à peine sorti de ces désastres, ses
citoyens déportés sont revenus, et ont reconstruit
une ville et un gouvernement. Or, c'était là la
nature des gouvernemens *communaux républi-*
cains, d'être essentiellement courageux et persé-
vérans.

Ils étaient donc plus nationaux qu'aucun gouvernement d'alors. Il y avait en effet *élection* de
magistrats, et ces magistrats, en souvenir des
républiques anciennes, étaient appelés consuls; il
y avait le *consul de la guerre*, et *le consul de la*
justice. C'était encore le même sentiment qui avait
fait organiser des *centuries*, où le peuple se réunissait sous le commandement de *centurions* et de
décurions, par quartiers, au son de la cloche qui
était le tambour de ce temps-là. Seulement, on se
réunissait, non plus autour des *aigles*, mais autour
du *Caroutch*; c'était un char traîné par des bœufs,

au milieu duquel il s'élevait un grand mât, où flottait le drapeau de la commune, en bas duquel était un Christ, les bras tendus, comme pour donner sa bénédiction ; et derrière, un chapelain qui disait la messe sur un autel porté derrière le char. C'était autour de ce char, emblême politique et religieux, que venait se réunir la commune pour marcher à l'ennemi.

Un fait saillant, c'est que les nobles venaient quelquefois s'établir dans la ville elle-même, et que les bourgeois les recevaient au milieu d'eux et les inscrivaient dans la première classe des citoyens : il y avait donc déjà tentative *de représentation*.

La Suisse avait aussi des gouvernemens *nationaux* à côté de ceux qui existaient autour d'elle. Les Suisses ont montré un courage que l'histoire n'oubliera jamais, et ajoutons aussi plus de sens et plus de ténacité que l'Italie. L'Italie aimait la liberté et se passionnait pour les beaux-arts, faisait la guerre et cultivait les sciences. Mais aussi quand on parle des monumens dont est couvert ce pays-là, il ne faut pas oublier que toutes ces constructions de villes qui pourraient servir de capitales à des Etats, doivent leur existence à ces républiques dont les richesses étaient si grandes, le commerce si étendu, les mœurs si simples, que de simples citoyens employaient leurs trésors à l'embellissement de leur patrie. Tout cela, il faut le dire, a rapidement disparu. Presque tous ces Etas florissans ont été engloutis ; d'autres surnagent encore, Venise, Gênes ; mais ce ne sont plus que

les ombres des grands corps politiques que nous
venons d'esquisser.

Les cantons suisses ont échappé à ces désastres;
mais en altérant aussi leur caractère primitif;
ils se sont transformés en républiques aristocratiques, et d'ailleurs ils doivent beaucoup à
leur courage national, à leur climat, à leurs
montagnes, et plus encore peut-être à la jalousie
des Etats voisins, qui n'ont pas permis à d'autres de s'approprier une semblable position. Et
cependant la Suisse, malgré son climat, ses montagnes et les causes politiques signalées plus haut,
a trois fois vu l'étranger fouler son territoire.
D'où vient cette faiblesse après tant de force, ce
malheur après tant de gloire?

On en a donné bien des explications; elles sont
toutes vraies, en ce sens qu'elles rentrent dans
deux causes que je vais vous présenter. La première, c'est que les gouvernemens, bien que plus
nationaux que ceux auxquels ils succédaient, ne
l'étaient pas complètement; c'est que les bourgeois
voulaient se faire dominateurs des bourgeois de
second ordre, et qu'il n'y a pas gouvernement vraiment national, là où il n'y a pas *justice* et *protection
égale* pour *tous*. Dès lors, plus d'une de ces pré-
tendues républiques se trouvait abandonnée à
la tyrannie, tyrannie d'autant plus insupportable
qu'elle était exercée par un grand nombre. Et quel
était alors le remède? L'insurrection, et l'insurrection avec ses passions féroces et méridionales.
On faisait des lois, causes d'insécurité, et des troubles survenaient qui amenaient après eux l'affai-

blissement de la patrie. Alors les partis irrités conspiraient, et ce sont ces partis qui se mirent à la solde et appelèrent l'étranger dans le sein de la patrie, crime! le plus coupable des crimes!...

Et, vous le savez, Messieurs, les plus grandes gloires de la littérature italienne étaient proscrites, et les poètes avaient le droit de s'écrier, comme Dante l'a dit : « On ne sait pas combien est dur le » pain d'autrui, ni combien est dur à descendre » l'escalier d'autrui! »

C'est que là aussi le véritable principe *représentatif* était inconnu ; il y avait *élection*, mais non *représentation*.

Milan et Florence, comme j'ai déjà eu l'occasion de le dire, tenaient des villes dans un esclavage dégradant, à peu près dans la position où étaient les cantons de Vaux, d'Argovie, du Tessin, les plus riches territoires de la Suisse qui sont restés sujets, sans droits politiques ni gouvernementaux, sous l'autorité d'une ville souveraine. Et ce n'est que la révolution française qui devait donner l'égalité civile en Suisse. Le vice vient de ce que ces républiques ignoraient l'unité, le *principe d'unité*, et ne pouvaient en conséquence, à ce titre de *républiques municipales*, s'élever à l'état de *peuple*; de ce qu'elles ne pouvaient être une *nation*, et étaient une *ville*, de ce qu'on ne disait pas l'*Italie*, mais pas même la *Toscane*, la *Calabre*.

La Suisse, elle, est arrivée à se fédérer tant bien que mal. Quoique le lien fédéral fût faible, il a pu opérer un grand bien, la sauver même. L'Italie plus vive n'a pas su se fédérer; mais le prin-

cipe lui-même n'aurait pas su la défendre. Telles
sont les deux causes des terribles désastres qui ont
amené la chute des républiques Italiennes, à laquelle a succédé une sorte de paralysie morale pendant laquelle les arts ont encore jeté un brillant
éclat, mais depuis laquelle aucune grande conception n'a été produite.

Dieu veuille que l'exemple de la Péninsule Italique apprenne aux nations que le plus grand crime
c'est d'affaiblir son pays ; qu'il faut avant tout en
conserver la force, parce que sans force il n'y a
pas d'indépendance, et sans indépendance, ni liberté, ni dignité!

QUATRIÈME LEÇON.

18 avril 1836.

Messieurs, indépendamment des élémens dont nous avons cherché à connaître la nature, l'influence et la marche, dans la période dont nous nous occupons, il y avait encore un autre élément, un autre principe qui aspirait à s'emparer du gouvernement de la société. Je veux parler du principe monarchique, de l'élément *royauté*.

Nous avons déjà eu occasion de considérer cet élément dans le parcours que nous avons fait, sous un autre point de vue, de cette période dans le premier semestre; nous avons vu la part qui lui revenait dans le développement social dont nous parlons; sa part dans le développement de ces deux grands faits, l'unité civile et la représentation nationale.

Nous étudierons en même temps le fait principal (royauté), les circonstances de ce fait principal, et les faits particuliers qui avaient intérêt à seconder ses efforts.

La capacité particulière de ce principe était de se trouver par la nature des choses concentrée dans un individu, et apte, par conséquent, à se plier à tous les systèmes, à tous les événemens, sans cesser d'être complètement lui-même.

Aussi quelles sortes de royautés trouvez-vous au moyen-âge? et combien en trouvez-vous? deux sortes.

La royauté prit alors la forme romaine, ou plutôt bysantine, d'une part, et de l'autre, la forme barbare.

La forme romaine appelée empire, vous le savez, l'histoire nous l'apprend, s'établit d'abord comme une grande magistrature, magistrature élective d'abord (en apparence du moins), car les premiers Empereurs Romains se portèrent héritiers de la souveraineté des comices, de la puissance du Sénat, du pouvoir des censeurs, de l'inviolabilité des tribuns, de la sainteté des Pontifes; ils se portèrent garans des droits protégés par chacun de ces membres du gouvernement postérieur, et se constituèrent comme grands, comme suprêmes magistrats de l'Etat. Mais peu à peu cette origine, qui était un singulier mélange de toutes les formes gouvernementales anciennes, se modifia, et à mesure que ce fait se prolongea, le souvenir s'en effaça. La puissance impériale se détacha de ces idées qui avaient présidé à son installation, qui l'avaient appuyé à l'origine de son établissement, et l'empereur ne se souvint plus qu'il n'avait été jadis que magistrat.

C'est que l'ancien ordre s'effaçait, et que l'idée de la puissance impériale poussait chaque jour des racines plus profondes. Aussi, on peut considérer à bon droit que le système impérial romain subit alors une modification notable dont on peut assi-

gner la date précise du règne de Dioclétien. C'est
alors en effet, que le système d'administration impériale subit des transformations qui effacèrent les
anciens souvenirs de l'administration républicaine.

Une autre modification que celle de l'*administration*, eut encore lieu vers ce temps-là dans la
puissance impériale, romaine ou bysantine, comme
vous voudrez l'appeler ; car le christianisme avait
été adopté. Le christianisme était tenu pour *religion officielle*, comme on dirait aujourd'hui , et la
puissance politique en favorisant le sacerdoce chrétien lui empruntait des forces morales pour elle-
même. Dès lors, commencèrent à pénétrer dans les
esprits, des idées auxquelles ils étaient tout-à-fait
étrangers, c'est-à-dire, les notions de la division des
pouvoirs en pouvoir spirituel et temporel , c'est-à-
dire, d'un pouvoir terrestre , matériel , et d'un
pouvoir descendant d'en haut , c'est-à-dire divin.

Telles sont, Messieurs, les deux modifications
que le pouvoir subit, dans sa forme romaine et
bysantine.

En même temps, arrivait la royauté barbare , si
vous voulez donner ce nom aux chefs des tribus
envahissantes de cette époque. C'était une royauté
vraiment élective, en ce sens qu'on n'était chef de
l'un de ces peuples, ou d'une de ces tribus qu'en
étant le plus brave et le plus habile d'entre tous
ceux qui en faisaient partie ; on se faisait accepter
comme tel par le peuple des tribus.

L'histoire nous apprend encore, qu'ordinaire-
ment les peuples barbares acceptaient pour chef

un des membres de la famille qui lui avait déjà donné des chefs distingués : fait naturel, parce que les peuples s'attachent à la famille de celui qui a rendu de grands services au pays. Aussi, arriverait-il infailliblement dans les cantons suisses, à Zurich en particulier, que si un membre d'une famille affectionnée du pays demandait une place suprême, il l'obtiendrait.

Telles étaient donc les formes de la royauté en Europe; formes romaines ou bysantines d'une part, de l'autre, formes barbares.

Et il y eut une grande oscillation ; tantôt l'une prévalut, tantôt l'autre l'emporta, selon le temps, le pays, les mœurs, etc.

Dès lors, il ne sera plus étonnant pour ceux qui nous auront bien compris de voir qu'en Angleterre ce fût la forme barbare qui domina dans l'heptarchie; le principe culminant, là, était la dépendance des chefs, comme nous l'avons montré.

Vers le même temps vous trouverez en Italie les Ostrogoths, et dans leur royaume, fondé par Théodoric, vous retrouverez la forme romaine et bysantine. Les Ostrogoths étaient cependant des barbares, mais ils avaient abandonné la forme barbare et admis la forme impériale romaine, parce qu'ils s'étaient établi, où?..... là où les habitudes romaines étaient encore en vigueur : cela devait être, puisque les vainqueurs établissaient le centre de leur domination à Ravenne.

Et en général, vous avez dû remarquer que la forme s'impose, sans qu'elle puisse matérielle-

ment s'imposer ; je m'explique : il y a quelque
chose qui impose plus la forme que la force, c'est
la civilisation. Nous avons déjà eu l'occasion de
vous le faire remarquer, à propos des langues ; les
langues des peuples civilisés s'imposent aux peuples moins civilisés ; j'ai encore eu l'occasion de vous
faire vérifier l'exactitude de cette observation à propos de Rome et de la Grèce. Les Romains ont pu
faire parler latin , mauvais latin (1), il est vrai, aux
Gaulois ; mais ils étudiaient , eux , la langue
grecque, et leurs propres conquêtes les rendit tributaires des Grecs pour tout ce qui touche à la
langue, à la poésie, aux arts , à la civilisation;
enfin , le grec était la langue du peuple vaincu ,
mais c'était en même temps la langue du peuple
le plus civilisé, qui s'imposait au vainqueur.

Ainsi arriva-t-il quand la royauté des Ostrogoths
voulut s'établir en Italie , la forme barbare fut
absorbée, et au lieu que les Italiens subissent le
joug des Barbares, ce fut d'eux que la barbarie
accepta sa forme, sa royauté.

---

(1) On sait toutefois que la Gaule ne parla pas toujours si
mauvais latin, ou du moins, si elle ne continua pas la pureté
classique du temps d'Auguste, elle conserva les bonnes tradi-
tions que Rome perdait, à ce point, qu'au Ve siècle, c'était
dans la Gaule, auprès des Rhéteurs de Trèves, de Vienne, de
Marseille, de Montpellier que la jeunesse Romaine studieuse
venait apprendre la langue de ses pères : c'est encore, comme
l'a dit le savant professeur, que la civilisation avait passé du
côté des Barbares. N. D. R.

Mais, au milieu de toutes ces oscillations, la société ne pouvait s'asseoir sur des bases réguliè-res et stables, et la force des choses, à la fin de cette période, établit la féodalité.

Or, dans ce grand mouvement européen, dans ce bouleversement de toutes choses, le pouvoir social était étouffé par une force compressive supé-rieure à sa force de résistance, la royauté aurait pu disparaître et elle ne disparut pas, grâces, pas-sez-moi l'expression, à sa ductilité naturelle.

La royauté envahie par la féodalité déposa la couronne, et prit le casque, déposa le sceptre, et ceignit l'épée ; la *Domus divina* de Constantin fut transformée en château-fort avec créneaux et tou-relles ; au lieu de grands officiers et de courtisans, elle eut des héros d'armes et des vassaux. Si elle avait des fiefs considérables, elle était forte et nous apparaît puissante, sinon elle ne se montre que faible, excessivement faible ; mais faible ou forte, jamais elle ne fut assez forte contre la féodalité.

On a fait un tableau séduisant (1) de la royauté féodale ; on a dit de ce pouvoir que c'était le pre-mier parmi ses égaux, et autres choses tout aussi peu vraies ; et des esprits plus poétiques ont com-paré la royauté féodale entourée de fiefs et d'arrière-fiefs à l'harmonie céleste ; mais pour nous en tenir au *vrai*, la vérité est que la puissance de ce soleil fut impuissante, la vérité est que cet astre ne put empêcher ses planètes d'apporter cha-

(1) Montlosier.

que jour la perturbation dans ses systèmes, que la royauté, pour parler le langage vulgaire, fut presque anéantie ; que ces seigneurs, par des guerres incessantes et intestines, se détruisaient entre eux, tour à tour, pour des causes d'intérêt et souvent parce qu'ils étaient fatigués de la paix.

Cependant il est à considérer, et c'est un fait remarquable, que la puissance royale conserve toujours quelque chose de plus que son titre, et les raisons de ce fait ne sont pas difficiles à reconnaître.

La féodalité n'était au fond qu'un grand désordre, irrégulier, capricieux, abus de la force individuelle, abus de la puissance de l'individu sur l'individu, ce n'était pas un système politique, c'était un déplorable *état de choses*. Et c'est là, la cause qui a fait qu'il y a des peuples qui ont accepté des gouvernemens tyranniques, mais qu'aucun n'a accepté la féodalité.

Et le peuple accoutumé à subir cette dernière forme qui lui avait été imposée par la conquête, n'ayant pas même de lois tournait les yeux autour de lui, et saisissait tout ce qui pouvait lui offrir l'espérance de la liberté. Or, la royauté n'apportait ni aides, ni protections, mais elle rappelait des souvenirs de la force et de l'unité impériale, et de là, à mesure qu'elles s'éloignaient, comme les souvenirs, brillaient d'un plus vif éclat. La tyrannie des empereurs romains s'oubliait, et on se souvenait des lois, de l'ordre, de l'organisation romaine.

Voilà les premières causes de la secrète tendance

et de la sympathie intime du peuple vers la royauté ; et il faut ajouter à cette considération, que la
royauté féodale (non par science, mais par ins-
tinct) traitait ses serfs et ses vassaux moins mal
que les seigneurs féodaux, et en cela la comparaison
était tout en sa faveur.

Dès lors, forts de ce sentiment qui se dévelop-
pait, il arriva que le roi et le peuple paraissaient
également opprimés par la féodalité, en ce sens
que l'un était privé de ses droits en tant que peuple,
et l'autre de ses prérogatives en tant que souverain.

Et de là, la royauté tirait un grand avantage,
c'est que les sympathies du peuple en faveur de sa
suprématie, se développaient.

Une autre circonstance favorable à l'accroissement
de la puissance royale, c'était l'église, car les prêtres
redoutèrent toujours la féodalité. La royauté leur semblait bien plus favorable ; les prêtres ont toujours es-
péré la dominer ou s'y associer ; ils se rappelaient les
honneurs dont le clergé était entouré à Bysance ;
ils se rappelaient la soumission des rois barbares ;
voilà ce qui faisait que les prêtres ne pouvant l'em-
porter seuls sur la féodalité, s'associèrent de cœur
et projets à la royauté. Ces deux puissances, féodale
et religieuse, ne vécurent jamais en harmonie, et
ce fut plus souvent par haine contre la féodalité,
que pour l'amour du peuple, que les prêtres agi-
rent en ce temps-là. Sans doute, ils devaient favo-
riser son émancipation ; sans doute, ils favorisèrent
l'émancipation des communes. Les prêtres ont, il
faut le dire, aidé le développement du germe communal, et cela est prouvé surtout pour le haut

clergé qui s'est rallié à la royauté , et à la royauté
absolue : ainsi , c'est donc un fait constant que
l'antipathie profonde du clergé pour la féodalité.

Enfin, voici une dernière cause de l'avènement
du principe *unitaire*, la royauté.

Vous savez tous , Messieurs, que le dernier développement de l'esprit humain est sorti de l'état
théologique. Le nom de *savant* est aujourd'hui ré-
servé à ceux qui cultivent les sciences physiques et
mathématiques ; mais dans ce temps-là ce nom ap-
partenait à ceux qui cultivaient la théologie , qui
se divisait naturellement en droit et métaphysique.
Ces deux branches de la *science* d'alors étaient cul-
tivées avec plus d'opiniâtreté qu'aujourd'hui , et
elles embrassaient un grand nombre de faits. Or,
il faut le dire , la monarchie doit tenir compte aux
jurisconsultes de leurs travaux ; ils étaient peu favorables aux autres principes, et très favorables au
contraire à la royauté.

On les a accusés même d'avoir poussé la partia-
lité un peu loin, et je ne me charge pas de les la-
ver de tout reproche à cet égard ; cependant il est
utile de les envisager sous leur véritable point de
vue. Les jurisconsultes du moyen-âge prirent les
principes de leur droit dans le droit romain, dans
les ouvrages des jurisconsultes de l'empire. Mais
pouvaient-ils remonter au-delà de l'empire pour
prendre les principes, les bases de leur droit? Pouvaient-ils s'appuyer sur les coutumes barbares du
moyen-âge ? Non sans doute , et dès-lors ils adop-
tèrent d'une manière fort naturelle, et peut-être
sans s'en douter, les idées de l'empire de Constan-

tin. Dès-lors les jurisconsultes étudièrent les lois
romaines qui avaient laissé dans les Gaules des
souvenirs d'ordre; et voyant que la royauté était
par sa nature le principe qui s'identifiait le mieux
avec cette législation, il n'est pas étonnant, dis-je,
que les jurisconsultes aient conclu à la royauté et
poussé à son avénement par tous les moyens qui
étaient en leur pouvoir.

La commune qui n'existait pas encore, à proprement parler, mais qui commençait à se produire, partageait les intérêts des jurisconsultes;
elle était frappée surtout de l'exécution barbare
de la justice; elle ne comprenait pas non plus l'exercice de la justice sans le droit; elle ne comprenait
pas par conséquent l'administration arbitraire de
la justice féodale. Dans cette manière de justice
on faisait venir un étranger, qu'on appelait com-
munément *Podesta*, et on lui confiait le droit de
torturer, de mutiler, de tuer; c'était bien moins
un moyen d'impartialité qu'un moyen de braver
les haines et les inimitiés, qu'une semblable fonc-
tion, remplie comme on la remplissait alors, le
plus souvent au gré du seigneur qui vous avait fait
venir, devait accumuler sur une tête.

Je le répète, en présence de ces faits et de ces circonstances, il n'y avait plus de jurisprudence, et
demandez-vous si l'on n'avait pas bien raison de
préférer la législation romaine, de l'appeler de tous
ses vœux et par tous ses travaux.

On ne me demandera pas, je pense, s'il y avait
place au milieu de cette confusion, pour quelques
idées de *représentation* ?

Les rois étaient éminemment propres à développer
ce germe ; par leur alliance intime avec l'élément
populaire dont j'ai parlé, et la royauté a eu cette
puissance qu'a l'homme qui veut toujours la même chose, qui a une volonté continue, parce que
l'homme qui n'a qu'une idée est homme puissant.
Or, la royauté se trouvait dans ces circonstances
très favorables pour vouloir comme un seul homme et continuement la même chose ; le principe
d'hérédité qui était en elle, était éminemment
propre à cette œuvre de patience et de continuité.

D'ailleurs, la féodalité ne tarda pas à prêter les
flancs aux coups qu'on allait lui porter. Elle se
précipita dans l'Asie, et les Croisades détruisirent
l'idée de la féodalité et le fait féodal mieux que
tout autre chose, mieux que tous les élémens qui
conjuraient sa ruine.

Elle montra dès lors plus de légèreté que de force, plus de cruauté que de courage, plus d'orgueil
exploitant et absolu, que de noblesse et d'organisation durable. Ces faits qui étaient dans le caractère propre de la féodalité, ne sauraient détruire
le caractère même du seigneur féodal, et il fallait
que cet homme fût doué d'une grande puissance,
pour aller se faire mutiler corps et biens dans la
Palestine.

Les Croisades durent avoir ce résultat pour les
seigneurs féodaux, et elles ne pouvaient l'avoir
contre la royauté.

Mais pourquoi non ?

Parce que quand un seigneur féodal mourait en
Palestine, les grands fiefs pouvaient tomber en que-

nopille et revenaient à la couronne ; et sans parler
de ce cas, les guerres lointaines ruinaient les seigneurs ; quand ils revenaient, leurs affaires étaient
en fort mauvais état. En leur absence les liens qui
retenaient leurs vassaux s'étaient relâchés, ils
avaient besoin d'argent, et ils en demandaient aux
communes qui achetaient ainsi leur affranchissement.

Mais, la commune était elle-même sans organisation sociale et politique; il en résulta que la commune ne put jamais s'emparer du pouvoir à la
place de la royauté, qui avait, elle, des principes
et une constitution politique.

De l'ensemble de ces faits il résulte, que nous
pouvons apercevoir d'ici comment la royauté se
trouva naturellement et dès son principe, divisée
en deux branches ;

Que la royauté se posa à la tête de l'organisation
dans presque tous les pays de l'Europe; et que dans
presque tous, se trouvant face à face avec les élémens contraires, elle ne cessa de travailler à les
renverser, se proposant pour but d'être exclusive,
et, quand elle y parvint, elle fut *royauté absolue*.

Ailleurs, par des circonstances que nous expliquerons, elle échoua en partie dans le travail qui
consistait à absorber les élémens qui lui étaient
contraires, lui faisaient obstacle, et eussent voulu
l'absorber elle-même; mais le travail n'étant pas
dans la nature des choses, ou pour mieux dire,
étant au-dessus de ses forces, il ne lui fut pas possible de l'accomplir, et elle ne produisit, sous di-

verses formes et dans diverses combinaisons que
nous expliquerons, que des *monarchies limitées*.

« Le principe *unitaire* monarchique s'est donc
trouvé partout en présence des mêmes élémens,
en présence des mêmes principes sociaux ; nécessairement et par leur nature même, hostiles à sa
résistance ; et selon qu'elle a subjugué du plus au
moins tous ces élémens contraires, qu'elle se les
est assimilés ou qu'elle les a anéantis, elle s'est appelée ici monarchie *limitée, tempérée, représentative*; là, au contraire elle a été monarchie *absolue*,
parce qu'elle a dominé tous les autres faits du haut
de sa puissante *unité*.

« Telle est la ramification de ce principe, telle est
l'histoire du développement du *principe* monarchique en Europe, et chez nous en particulier.
Nous voici maintenant arrivés à l'histoire même
de la monarchie française.

CINQUIÈME LEÇON.

20 avril 1836.

MESSIEURS, nous avons vu l'Europe livrée à tous les élémens qui cherchaient à s'équilibrer ou à se détruire. Entre tous ces élémens, qui étaient tous des expressions, des formules à peu près exactes, d'autres d'intérêts opposés et ennemis, la royauté et l'aristocratie, se trouvèrent surtout en présence et jouèrent le principal rôle dans cette lutte qui dura des siècles. L'Europe, entre les deux morcellemens de l'aristocratie et de la royauté féodale, avait avant tout besoin de force et d'unité ; et dans la position où elle était à cette époque, il n'y avait que deux moyens d'atteindre ce but, l'*église* et la *monarchie*.

L'église pouvait lui servir comme moyen d'unité morale, et la monarchie comme moyen d'unité politique, comme représentant de l'ordre et de la force physique centralisée. C'est ainsi que dans l'histoire on voit le principe monarchique grandir peu à peu et devenir le droit social de l'Europe, de la plus grande partie, du moins ; et c'est ainsi

qu'on le voit devenir le principe dirigeant, au nom
de la force publique, par opposition à la féodalité,
cette puissance si irrégulière et si changeante.
On le vit obtenir la direction politique d'alors,
c'est-à-dire, en d'autre termes, que le principe
monarchique fût accepté par le peuple.

Mais ce principe se trouvait, avons-nous dit, en
présence de plusieurs autres; car le principe féodal
co-existait en face de lui dans une attitude hostile;
car le principe communal co-existait également,
non dans toute sa force, mais avec la conscience
de son passé et des habitudes locales très-vivaces
encore.

Il fallait donc nécessairement, pour que l'unité
advînt, ou bien que le principe monarchique ab-
sorbât les autres, ou bien qu'il se fît leur associé;
c'est-à-dire qu'il fallait, de deux choses l'une,
que le principe se fît monarchie absolue, ou bien
monarchie représentative, limitée, constitutionnelle, nous ne discuterons pas sur les mots.

Or, ces deux issues de forme gouvernementale
se réalisèrent l'une et l'autre. Elles se réalisèrent,
non pas d'une manière aussi nette que semble l'exprimer la généralisation de l'histoire : dans la réa-
lité, il ne se passe rien de semblable. C'est un fait
qui se développa plus ou moins logiquement sui-
vant l'influence des circonstances. Aussi, en tant
que développement approximatif, ici elle tend à
se rapprocher beaucoup plus de la monarchie absolue, là, de la monarchie limitée ; ici, vous la
voyez absolue, là, se résignant à partager ses fonctions, à les limiter. La monarchie absolue, ou quasi-

absolue, se produisit dans une forme plus ou
moins explicite, et finit par se réaliser en France,
en Espagne, en Portugal et ailleurs. Les monarchies limitées furent divisées en deux sortes ; les
unes limitées par le principe féodal, les autres par
l'élément communal, plus ou moins mitigées avec
mille et mille variétés, en Angleterre et ailleurs ;
et pour bien entendre ce que signifie cette dernière
royauté, il faut dire que le roi n'était jamais en
ce cas là qu'un chef représentant de la féodalité.

Mais il est certain que l'explication et l'intelli-
gence approfondie de ces grands résultats exigeront
de grands développemens historiques, et il sera
curieux de suivre dans leur réalisation, les effets de
ces principes divers, s'agitant pour se dominer les
uns les autres, ou se co-ordonner entre eux et about-
issant à l'organisation nationale ou privée que
nous venons d'indiquer dans cette division ; à cet
égard, il nous sera peut-être possible de combler la
lacune de ces développemens qui ne font pas partie des cours.

Je me hâterai donc d'arriver à l'exposition du
droit politique français actuellement en vigueur.
Or, vous le savez, Messieurs, nous ne vivons plus
sous un gouvernement de priviléges ; nous vous
avons déjà dit que le principe écrit en tête de la
charte était : *l'égalité civile, l'égalité politique et l'é-
galité devant la loi*. Nous ne reviendrons plus sur
cette matière qui a fait l'objet de plusieurs leçons
de notre premier semestre. Quant à la forme aujourd'hui existante, c'est la monarchie, et cette
forme qui est adoptée et en vigueur parmi nous, a

presque toujours été la forme gauloise depuis que
la Gaule a cherché à constituer son *unité*.

La monarchie telle qu'elle existe aujourd'hui, a
des caractères particuliers, à elle propres. Le premier, celui qui frappe d'abord, c'est l'*hérédité*
par ordre de primogéniture, de mâle en mâle et à
l'exclusion perpétuelle des femmes et de leurs des-
cendans.

Elle est encore *représentative,*
limitée,
constitutionnelle.

Je vais reprendre brièvement chacun de ces
quatre caractères. Premièrement, elle est *héréditaire*, c'est-à-dire, elle exclue formellement la
forme *élective.* La monarchie *élective* a toujours
été dans les *idées* monarchiques une forme excep-
tionnelle qui n'a jamais duré, les inconvéniens de
la forme *élective* n'ayant pas tardé à se faire sentir.

Par ordre de primogéniture, et de mâle en mâle.
Ici se présente l'occasion de parler d'une loi en
vigueur chez nous, de temps immémorial, et qui
consacre l'exclusion des femmes du gouvernement
de l'état ; vous savez tous que je veux parler de la
loi salique.

Qu'est-ce donc que la *loi salique*? Tant de gens
en ont parlé, et si peu l'ont lue, qu'il ne nous
est pas inutile d'en donner le texte ; je n'ai pas
besoin de vous dire que c'est Montesquieu qui s'ex-
prime ainsi. C'était la loi d'un peuple barbare,
des Saliens, loi dont la rédaction a eu lieu après
que ce peuple eût envahi l'Occident et le Midi de

l'Europe. Mais cette loi était une loi de propriété, ce qui ne veut pas dire une loi constitutive de la monarchie; ni d'une monarchie héréditaire, ni même une loi constitutive de la propriété; car ces peuples, tels que Tacite nous les décrit, n'avaient pas, à proprement parler, de terres *appropriées*. Chaque barbare possédait bien une maison entourée d'un peu de terre, mais le reste, la plus grande partie du sol, n'était point *appropriée*, et l'on y nourrissait en commun les bœufs, les chevaux, etc.

Il est donc assez curieux que l'on soit parti de ce principe d'un peuple barbare comme de la base constitutive des sociétés modernes.

Au reste, voici le texte de la loi salique, tel qu'il a été traduit par Montesquieu :

« Si un homme meurt sans enfans, son père lui
» succédera; si son père n'existe plus, ses frères
» et sœurs; s'il n'a pas de frère, la sœur; s'il n'a
» pas de sœur, la sœur de son frère; et si la sœur
» de son frère est morte, le plus proche parent
» mâle après elle. » Et ici, on ne parle guère d'enfans. Enfin, « aucune portion de la terre salique
» ne passera aux femmes, mais elle appartiendra
» aux mâles succédant à leurs pères. »

Eh bien! Messieurs, ce texte dit tout simplement que lorsqu'il y aura lieu à la succession, la terre appartiendra aux enfans mâles qui se la partageront. Cela devait être ainsi, dans une société où la propriété était plutôt basée sur la force que constituée sur le droit.

Les mâles étaient seuls en état de défendre la

propriété par les armes, contre les agresseurs qui pouvaient se présenter. D'ailleurs les filles en se mariant allaient habiter une autre maison, entourée d'autres terres saliques, et il est clair, comme je l'ai dit, qu'en ce temps-là la terre salique était confiée à la défense du mari.

Lorsque les Saliens furent venus en Europe, enrichis par conquêtes ou par concussions, la position a changé, et alors nous voyons des documens qui prouvent que les femmes succédaient.

Vous voyez donc, Messieurs, sans entrer dans d'autres explications d'un fait de pure curiosité, que la loi salique a reçu une induction forcée. C'était l'application au droit politique d'une loi civile, et même d'une loi qui ne s'étendait pas à une exclusion systématique. L'application qui en a été faite depuis, n'est autre chose qu'une confusion d'idées faite par le droit féodal établi au X° siècle.

C'est après le droit féodal que sont venues ces idées de l'exclusion des femmes, et de là, l'erreur qui attribue à la loi salique un principe dont l'origine est toute féodale.

Cependant, il paraît bien certain que cette loi a eu une influence sur l'organisation féodale On trouve des traces de cette loi salique chez plusieurs peuples de ces temps-là, par exemple, chez les Visigoths. Elle pouvait paraître un fait logique, et elle avait, pour justifier l'exclusion de la femme, cette idée, qu'elle se marie et qu'elle perd sa nationalité en se mariant.

En dernier lieu, la monarchie héréditaire amène l'exclusion de la femme, parce que la femme ne constitue pas la famille, et que la famille est la base de l'hérédité.

Venons maintenant à la représentation.

Vous savez que l'on est convenu de considérer un pouvoir social sous trois points de vue, selon qu'il exerce les fonctions *législatives*, *exécutives* ou *administratives*, et *judiciaires*.

Le *législateur* révèle, déclare la volonté du gouvernement social.

Le pouvoir *exécutif* est celui qui intéresse ou contraint à l'exécution de la loi.

Mais il peut arriver qu'il y ait dissentiment entre celui qui *fait* exécuter la loi et celui qui doit l'exécuter. De là, *contestation* sur un point déterminé; et alors, contestation d'individu à individu; ou bien, il peut encore arriver, en troisième lieu, que l'individu porte atteinte aux droits de la société ou des autres individus composant cette société, en commettant des crimes, des délits, etc. Dans tous ces cas, la question n'est pas générale, mais particulière, et l'on doit se faire cette demande : l'attribution de ces questions appartient-elle au *législateur* ou au *juge?* Nous avons dit que la *législation* considérait les intérêts généraux, que son caractère propre est d'être un *fait général*. Lorsqu'on veut savoir si un individu ou un gouvernement s'est ou non conformé à la loi, il faut recourir à un *pouvoir* dont la décision ne soit pas affirmative en général, et c'est là le caractère du *pouvoir judiciaire* en particulier.

En d'autres termes, il n'y a de pouvoir *initial* que le pouvoir *législatif*; les autres sont des pouvoirs en quelque sorte corollaires du premier : l'un en administrant selon la loi, l'autre en décidant si la loi a été ou non appliquée ou exécutée.

Lorsque ces trois pouvoirs sont réunis dans une seule main, il y a pouvoir *absolu*. Lorsque le même homme est chargé de faire les lois, de les appliquer et d'en juger l'application, il est absolu, et c'est de sa part, il faut le dire, une prétention passablement orgueilleuse et ridicule. Il n'y a pas là de limites légales à tracer; il n'y a pas proprement de loi ; car pour que la loi existe, il faut qu'il y ait un pouvoir suprême qui la fasse respecter ; et comme tout pouvoir concentré est sans contrôle, le pouvoir absolu ne suppose pas d'autre loi que la volonté du roi absolu.

Au contraire, quand les pouvoirs sont divisés, il peut y avoir contrôle ; il peut donc y avoir loi, et obéissance réciproque à la loi.

Ainsi, lorsqu'on fait la loi, elle peut être bonne ou mauvaise (et malheureusement elle est quelquefois bien mauvaise), mais une fois rendue, c'est la *loi* pour nous, on sait à quoi se conformer.

Si c'est un autre pouvoir qui applique la loi, le pouvoir qui l'a faite, bonne ou mauvaise, je le répète, ne pourra pas la plier ou l'appliquer à sa fantaisie; il devra la modifier, et alors encore on saura toujours ce qui est la loi.

De même, si le pouvoir administratif abuse de son autorité, si le pouvoir judiciaire abuse de son influence, il faut qu'il y ait un troisième pouvoir auquel la justice sociale puisse avoir recours.

Voilà des principes universellement reçus ; ce-

pendant, qu'entend-on par le partage de pouvoirs? Est-ce trois systèmes juxta-posés, sans
aucun point de contact entre eux ? Non, car ce
serait l'immobilité, l'inaction; quand on dit que
les trois pouvoirs sont *séparés*, on entend par là
séparation matérielle; on entend, que l'une des
branches n'est pas sous la *dépendance* d'une autre;
que chacun a sa sphère, sa liberté d'action: voilà
ce qu'on doit entendre par *séparation des pouvoirs*.

On n'a jamais trouvé de constitution où il
n'existât aucun point de contact entre les diverses
branches; mais en fait, le pouvoir législatif peut
vouloir s'attribuer des droits sur le pouvoir judiciaire, et le pouvoir judiciaire déclarer qu'il ne
reconnait d'autre suprématie que celle de la loi;
et les pouvoirs, agens de l'administration, peuvent
dire qu'ils ont le droit de ne pas se soumettre au roi.

C'est ainsi qu'en avançant, en sortant des notions générales, pour entrer dans l'analyse exacte
de ces trois pouvoirs et de leur mode fonctionnel,
nous rencontrerons de très grandes difficultés.
S'il n'en était pas ainsi, l'étude de ce droit
n'exigerait pas de si nombreux développemens;
mais ils sont nécessaires pour mettre les trois
pouvoirs en contact, et les tenir chacun limités
dans leurs attributions.

Quelque liberté que l'on cherche à établir entre
ces trois élémens, il y en a toujours *un* qui sert de
lien et comme d'engrenage, si l'on peut dire; et ce
principe d'*unité*, d'après notre constitution, est évidemment monarchique. En ouvrant la Charte, nous
voyons que cet élément n'est étranger à aucun fait,

à aucun acte *gouvernemental* en France : c'est la *Couronne*, pour parler le langage dont on se sert volontiers aujourd'hui, pour exprimer le pouvoir *centre* et l'*unité* de l'État.

A la Couronne, donc, appartient la nomination des membres de la chambre des pairs, la convocation, la prorogation, la dissolution des chambres.

La proposition de la loi (dont elle partage maintenant l'exercice avec les membres des deux chambres).

La sanction et la promulgation de la loi.

Quant à la puissance exécutive et administrative, elle lui appartient en entier, sauf quelques restrictions, que nous signalerons en leur ordre, dans la Charte.

Le pouvoir judiciaire lui-même ne lui est pas étranger.

La Couronne a la nomination des juges, la poursuite de ses agens, les procureurs du roi et tous membres du parquet ; les renvois au ministère public ; l'application de certaines lois réglementaires civiles ; le droit de grâce.

Elle commande enfin les armées de terre et de mer ;

Déclare la guerre et fait des traités.

Ainsi, c'est dans ses élémens qu'on place le principe d'engrenage, d'*unité*. Toutefois, quelles sont les délimitations de ce principe, ou, en d'autres termes, quelle est la part que prend le pays aux intérêts généraux ? Eh bien ! Messieurs, nous allons commencer à étudier le pays dans ses faits

les plus généraux, et nous trouverons trois faits
qui dominent les autres : le fait *législatif*, le fait
administratif ou *exécutif*, et le fait *judiciaire*.

Ce que je viens de vous dire, devrait vous avoir
fait pressentir que nous étudierons d'abord la
constitution du pouvoir législatif.

Le pouvoir législatif est *un*, mais il se divise,
comme attribution, en trois branches :

La chambre des députés ;

La chambre des pairs ;

Le roi.

Partons d'abord de la chambre des députés ;
mais pour cela il faut commencer par se demander
d'où elle vient ? comment elle est formée ?—C'est
ce qui réclame l'examen et l'étude la plus approfondie du système politique aujourd'hui en vigueur.

Ensuite nous nous ferons les mêmes questions
pour la chambre des pairs.

Une fois les deux chambres constituées, il nous
sera sans doute permis de les convoquer, en quelque sorte, pour les voir agir, pour étudier le double
phénomène où la loi prend sa source, et le suivre
dans les diverses phases qu'il doit subir avant
d'être une *loi*.

Nous passerons de là au pouvoir administratif ;
car dans l'ordre naturel, le pouvoir judiciaire arrive en troisième lieu. Il est vrai que je vous ai dit
quelque part que le pouvoir judiciaire était la clef
de voûte de la société ; je l'ai dit, mais on pourrait supposer, avec une imagination un peu ro-
manesque, un pays où les habitans seraient si mo-

raux et si bien instruits de la loi, que pas un ne la violât, et alors le pouvoir judiciaire deviendrait inutile; il est donc dans sa nature de venir après les deux autres pour en rectifier l'application ; ainsi, il arrive pour réparer les brèches que le choc des intérêts particuliers peut faire à l'édifice social.

Donc, l'étude du pouvoir législatif sera notre point de départ. Pour cela nous partons de l'idée *principe* chez nous, de la *monarchie*, mais d'une monarchie limitée sur tous les points par les deux autres pouvoirs.

Pour cela faire, on n'a guère qu'à ouvrir la Charte, et l'article 14, d'abord, est ainsi conçu :

« La puissance législative s'exerce collectivement par le Roi, la chambre des pairs et la chambre des députés ». Voilà donc les limites à poser pour la puissance législative.

Quant au pouvoir exécutif ou administratif, les articles 12, 47, 69, fixent ses attributions et la responsabilité de ses ministres ou agens : voilà donc autant de limites apportées à l'ordre administratif ou exécutif. Mais il ne faut pas faire un pas de plus en avant, sans vous signaler dans la rédaction de l'article 47 précité ces mots : « Toute justice émane du roi », tandis que la justice est rendue par des jurés; et ces deux représentans des pouvoirs judiciaires ont des caractères bien différens. Les juges consacrés par le roi sont inamovibles ; tandis que l'institution du jury en rend les fonctions très temporaires et comme accidentelles. La plus grande garantie est encore donnée par l'article 52 : « Nul ne pourra être distrait de ses juges naturels, » et cette garantie est puissamment confirmée par la teneur de l'article 54 qui consacre le principe de la publicité des débats.

Voilà donc comment la monarchie se trouve être monarchie *représentative et limitée.* Si elle a une certaine part plus ou moins directe dans le gouvernement en général, il n'est aucun des deux autres pouvoirs qui ne limite son action dans les bornes prescrites par la Charte, que la monarchie a juré de maintenir.

L'exercice du pouvoir législatif est la pierre angulaire.

Qui dit loi, dit *commencement*, dit *action* ; que ce soit une loi ancienne que vous remettiez en vigueur, ou une loi nouvelle que vous fassiez, vous faites une chose *initiale*, et le mot *initiative* est bien choisi ; car le pouvoir qui *exerce* n'a pas d'*initiative*, ou s'il l'a, c'est que la loi la lui a expressément accordée. Or, ainsi que nous l'avons exposé à propos de *l'expropriation pour cause d'utilité publique*, c'est une délégation du pouvoir exécutif pour simplifier l'opération : ce que l'on obtient par une délégation spéciale et limitée n'est pas un droit proprement dit, c'est une exception.

En un mot, *l'initiative* n'appartient qu'au *pouvoir législatif*, et quand la Couronne propose une loi, elle agit comme membre du pouvoir législatif. Sans doute, comme elle est à la fois pouvoir législatif et pouvoir exécutif, cela peut sembler une confusion sans en être une, et cette circons-

Imprimé en France
FROC021657180919
22190FR00008B/231/P

9 782329 321813